中華古籍保護計劃

ZHONG HUA GU JI BAO HU JI HUA CHENG GUO

·成果·

（戰國）列子　撰　（宋）林希逸　注

元刻本列子

國家圖書館出版社

圖書在版編目(CIP)數據

元刻本列子/(戰國)列子撰;(宋)林希逸注.—北京:國家圖書館出版社,2017.5(2024.10重印)

(國學基本典籍叢刊)

ISBN 978-7-5013-6012-3

Ⅰ.①元… Ⅱ.①列…②林… Ⅲ.①道家 ②《列子》—注釋 Ⅳ.①B223.2

中國版本圖書館CIP數據核字(2017)第021283號

書　　名　元刻本列子
著　　者　(戰國)列子　撰　(宋)林希逸　注
責任編輯　程魯潔　張　頎
封面設計　徐新狀

出版發行　國家圖書館出版社(北京市西城區文津街7號　100034)
(原書目文獻出版社　北京圖書館出版社)
010-66114536　63802249　nlcpress@nlc.cn(郵購)
網　　址　http://www.nlcpress.com
印　　裝　河北三河弘翰印務有限公司
版次印次　2017年5月第1版　2024年10月第2次印刷

開　　本　880×1230　1/32
印　　張　10
書　　號　ISBN 978-7-5013-6012-3
定　　價　30.00圓

《國學基本典籍叢刊》編委會

《國學基本典籍叢刊》前言

國家圖書館出版社（原名書目文獻出版社 北京圖書館出版社）成立三十多年來，出版了大量的中國傳統文化典籍。由於這些典籍的出版往往采用叢書的方式或綫裝形式，供公共圖書館和大學圖書館典藏使用，普通讀者因價格較高、部頭較大，不易購買使用。爲弘揚優秀傳統文化，滿足廣大普通讀者的需求，現將經、史、子、集各部的常用典籍，選擇善本，分輯陸續出版單行本。每書之前均加簡要説明，必要者加編目録和索引，總名《國學基本典籍叢刊》。歡迎讀者提出寶貴意見和建議，以使這項工作逐步完善。

國家圖書館出版社

二〇一六年四月

序言

《列子》，一名《沖虛真經》，爲戰國早期思想家、道家代表人物列子及其門人後學所著。列子，姓列，名禦寇，或作列圄寇、列圉寇，戰國時鄭人，約生活在公元前四五〇至公元前三七五年之間。《漢書·藝文志》稱其先於莊子，《呂氏春秋·不二篇》稱『子列子貴虛』，譽其爲『天下之豪士也』。《列子》一書，『內外書凡二十篇』，西漢時期經劉向整理『以校除複重十二篇，定著八篇』。西晉『永嘉之亂』後殘缺，經張湛搜集殘卷，『參校有無，始得完備』，今存《天瑞》《黃帝》《周穆王》《仲尼》《湯問》《力命》《楊朱》《說符》八篇。唐玄宗天寶年間改題爲《沖虛真經》，宋真宗景德四年（一〇〇七）又加稱爲《沖虛至德真經》，是道教的重要經典，也是中國先秦思想文化史上的重要典籍。

《列子》全書共載哲理散文、寓言、神話、歷史故事等一百三十四則，以寓言的形式來表達精微的哲理，文字凝煉，議論精當，充分體現了道家順依自然、樂天知命、超然物外的思想以及對精神自由的心馳神往。柳宗元在《辯列子》中稱『其文辭類莊子，而尤質厚少僞作，好文者可廢耶』，歷代研究者不斷。據方勇《子藏·道家部·列子卷》（國家圖書館出版社二〇一三年出版）不完全統計，歷代《列子》注疏達百十餘部。

宋代林希逸所注《列子鬳齋口義》是歷代《列子》注疏中的經典之作，書中常以佛禪之語相參，深入淺出，直白易辨。林希逸的門生王庚認爲，此書『抉微剔堅，不膠聞見，脱然如庖丁游刃，而肯綮不留；如匠石運斤，而蟠錯俱解』，非常中肯。

林希逸（一一九三—一二七一），字肅翁，又字淵翁，號竹溪，又號鬳齋、獻機，福清（今屬福建）人。宋理宗端平二年（一二三五）進士，累歷臺省館閣清要之職，執掌辭翰，終官中書舍人。師從陳藻，是艾軒學派第三代傳人，南宋末年最後一位理學名儒。其學置身儒學，參引釋道，在對道家思想的研究方面有十分卓越的貢獻。所著除《列子鬳齋口義》外，還有《鬳齋續集》《考工記解》《易義》《春秋傳》《鬳齋前集》等。《列子鬳齋口義》與其所撰《莊子鬳齋口義》《老子鬳齋口義》合稱《三子口義》，在《三子口義》中成書最晚。此書解釋《列子》時，凡遇與《老子》《莊子》文句或文義相類者，都要對照二子闡説，分析其異同優劣。

《列子鬳齋口義》現今有各類版本十九種，其中國内藏本十二種：元刻本三種，明刻本八種，清刻本一種；日本藏本七種。國家圖書館藏元初刻本，卷首爲《列子序》，次爲王庚撰《鬳齋先生列子口義後序》，次爲《列子鬳齋口義卷上》，次行署『鬳齋林希逸』。原書框高十八點九厘米，寬十二點四厘米，半葉九行，行十八字，林注小字雙行同，細黑口，左右雙邊，雙黑魚尾間題有『列子』卷次及葉碼。

此本刊刻十分精妙典雅，字體方整。卷内所鈐『項元汴印』『子京父印』『就李』『項氏子長』等印與《藏園群書題記》卷十所録相合，傅增湘曾將其定爲宋本。此版本曾收入《中華再造善本·金元編》。今據此本影印，以饗廣大讀者。

張 頎

二〇一七年四月

目録

據國家圖書館藏元初刻本影印原書版框高十八點九厘米寬十二點四厘米

列子序

右新書定著八章。護左都水使者光祿大夫臣向言。新校中書列子五篇。臣向謹與長社尉臣參校讎太常書三篇。太史書四篇。臣向書六篇。臣參書二篇。內外書凡二十篇。以校除復重十二篇。定著八篇。中書多。外書少。章亂布在諸篇中。或字誤。以盡為進。以賢為形。如此者衆。及在新書有殘。校讎從中書。以定。皆以殺青書可繕寫。列子者。鄭人也。與鄭繆公同時。[illegible]也。

其學本於黄帝老子號曰道家道家者秉要執本清虚無爲及其治身接物務崇不競合於六經而穆王湯問二篇迂誕恢詭非君子之言也至於力命篇一推分命楊子之篇唯貴放逸二義乖背不似一家之書然各有所明亦有可觀者孝景皇帝時貴黄老術此書頗行於世及後遺落散在民間未有傳者且多寓言與莊周相類故太史公司馬遷不爲列傳謹第録臣向昧死上護左都水使者光禄大夫臣向所校列子

書録永始三年八月壬寅上

列子鄭人列姓也禦寇名也莊子多稱其人必有道者也與鄭繻公同時繻公殺其相子陽去春秋獲麟之歲庚申五十年矣其書曰子陽饋列子粟列子不受俄而子陽見殺則以時計之列子必後於孔子而居孟子之先故其書多推尊吾聖人以自神其說然太史公爲老莊立傳猶及老萊關尹庚桑楚諸人而獨不及列子亦不言其有此書班固所志

藝文諸略雖有八篇之目而張湛處度以爲奇書云其祖得於仲宣輔嗣之家永嘉之亂旣失而幸全則其書亦散軼久矣卷首校讎數語其果出於劉向否也其曰與鄭繆公同時以繻字傳寫之誤而鄭溪西羣書會紀晁氏讀書記並因之又以繆爲穆此皆未深考者又曰孝景帝時頗行於世若其書果出景帝時太史公因何未見果見之不應遺列子而不入傳也今觀其書首尾二篇以天瑞說

符名之其他六篇則掇首章二字而已又篇中文字或精或粗殊不類一手其曰穆王湯問失之迂誕力命楊子義亦乖背必非一家之言縱其語未必出於劉向實當此書之病洪景盧謂列子勝莊子則失之矣然其間又有絕到之語決非秦漢而下作者所可及愚意此書必爲晚出或者因其散軼不完故雜出己意且模倣莊子以附益之然其眞僞之分瞭如玉石亦所不可亂也

列子序

鬳齋先生列子口義後序

昌黎韓子以化今傳後爲己任然嘗自謂其薄命不幸因困厄悲愁遂得究窮於經傳史記百家之說沉潛乎訓義反復乎句讀蓋自昔大賢皆因窮而著書雖大賢之不幸猶後人之幸也鬳齋先生吏部林公學問文章今韓子也位未稱其名四方之士莫不爲之勃鬱先生處之澹如也閉門自樂著書滿家凡皇王帝霸之大略孔孟釋老之大歸靡不究詣其極蓋戶僂常滿

矣僕來學製 先生之鄉得 先生莊老口義
心好之他日造門請益 先生以爲可教也盡
出其所爲文集易解考工記註列子口義諸書
庚 再拜受之則請稾以歸鋟諸梓 先生笑曰
姑俟異日庚未達 先生曰吾邑凋廢久矣子
來爬梳幸不乏公家事則足矣奚力及此固請
之 先生以列子口義授庚曰自吾閑居十年
而三子之口義成列子近方脫稾子宜序僕謝
不敢僭願歸而承教既而澳汩於簿書之塵是

書曾不得一寓目焉一日内自訟曰吾負先生且能幾如是而不俗乎亟取書誦之喜其虛靜寥泊之旨可以清靈臺而禦外物也■嗜之頗病其文義叉牙詭恠未易通曉雖有張郭諸註疑之闕滋多及覯口義抉微剔堅不膠聞見脫然如庖丁游刃而肯綮不留如匠石運斤而蟠錯俱解且如程生馬馬生人與夫白馬非馬孤犢非孤犢之說此古今學者一大疑難也先生悉以意解釋不爲其愚弄纏縛惜不令庾

度輩見之也劇度謂列子所明往往與佛書相參今口義亦多引佛書盖其宗旨同歸於虛湛凝寂而已柳子厚嘗辨列子之言其心不窮近於易之遁世而無悶是眞知列子者

鬳齋游心物初得無悶之趣故能融得失於蕉鹿齊喜怒於芧狙有韓子沉潛反復之樂而無困厄悲愁之態是眞心契列子者豈但口之云乎哉昔退之以殷侍御今序所註公羊春秋爲惠出非望而又以掛名經端自托不腐爲不敢

辭僕於退之無能爲役而　先生旣使之執經座下又使之得托名於不腐非退之所謂大幸歟雖然僕之大幸　先生之不幸也　先生之不幸三子之大幸也天不使　先生早年大用者爲三子之計甚巧也向使　先生而早用於時則訏謨廟堂之不暇縱使三老移文　先生暇口之乎然則爲冲虛廣其傳正惟讀書松竹林著之事庚何敢辭是歲壬戌中秋日門生宣教郎知福州福清縣主管勸農公事王庚敬書

列子鬳齋口義卷上

鬳齋林希逸

天瑞第一 此篇專言天理以其可貴故曰瑞

子列子居鄭圃四十年人無識者國君卿大夫眎之猶衆庶也國不足將嫁于衛弟子曰先生往無反期弟子敢有所謁先生將何以教先生不聞壺丘子林之言乎 鄭之有原圃猶秦之有具囿也見左氏列子居鄭圃之側嫁往也旅行曰嫁曰衺皆方言也壺丘子林列子事之故弟子問以其師之言云何子列子笑曰壺子何言哉雖然夫子嘗語伯昏

三九七 刘佑

瞀人吾側聞之。試以告女。何言者。謂此非言可傳也。夫子壺丘也。瞀人壺丘之友也。側聞者。立於師之側。而聞之也。先曰何言。而方告之。蓋欲知其不言之言。妙於有言也。

其言曰。有生不生。有化不化。不生者能生生。不化者能化化。生者不能不生。化者不能不化。故常生常化。常生常化者。無時不生。無時不化。陰陽爾。四時爾。不生者疑獨。不化者往復。其際不可終。疑獨其道不可窮。有生者。生於不生。有化者。原於不化。不生不化。乃能生其生。化其化。此即造化是也。不能不生。不能不化者。萬物是也。造化無生無化。故常生常化。無時者。即常字也。但其文如此發揮爾。陰陽四時。指造化而言也。下爾。爾字。乃

是實前而不生不化之説疑獨者如老子所謂
似萬物之宗象帝之先獨者極高極妙而無鄰
之意疑者似是似非而不可形容之意往復即
陰陽四時之代謝也無有盡時故曰其際不可
終疑獨者造化也恍兮惚兮似
有物而無物故曰其道不可窮**黃帝書曰谷神**
不死是謂玄牝玄牝之門是謂天地之根綿綿
若存用之不勤此老子全章之文而曰黃帝書
則知老子之學亦有所傳但其
書不得盡見老子第六章中精則實神則虛谷
者虛也谷神者虛中之神者也言人之神自虛
中而出故常存而不死玄遠而無極者也牝虛
而不實者也此二字只形容一箇虛字天地亦
自此而出故曰根綿綿不已不絕之意若存者
若有若無也用於虛無之中故不勞而常存即
老子所謂虛而不屈動而愈出是也晦翁曰至
妙之理有生生之意存焉此語亦好但其意亦

近於養生之論此章雖可以爲養生之用而老子初意實不專主是也故列子舉此以證其不生不化之說

故生物者不生化物者不化自生自化自形自色自智自力自消自息謂之生化形色智力消息者非也生物者不生言其不容心於生也化物者不化言其不容力於化也盈天地之間無非自然而然形者色者人與物也智者力者就人中分別也消者息者窮達死生得喪也自然而然者生而非生化而非化形而非形色而非色消而非消息而非息初無定名初無實迹若以定名實迹求之則非矣不曰無定名無實迹只下一謂字自是竒特

子列子曰昔者聖人因陰陽以統天地夫有形者生於無形則天地安從生此一篇先頓一箇壺子何言哉

在前既説一段了於此又再説一段何言哉二字自是深意莊子曰終日言而未嘗言與此意同

故曰有太易有太初有太始有太素太易者未見氣也太初者氣之始也太始者形之始也太素者質之始也莊子曰有始也者有未始有始也者有未始有夫未始有始也也者其言自妙此書又分作四箇名字亦只是莊子之意形總言也質隨物之質也氣生形者未見氣者無極而有極也莊子曰氣雜於芒芴之間而有形此又就氣上添一層此易字莫作儒書易字看易即變也變即化也太易即大造化也形爲始質爲素今之工匠家所謂胎素即此素字

氣形質具而未相離故曰渾淪渾淪者言萬物相渾淪而未相離也視之不見聽之不聞

循之不得故曰易也易無形埒易變而爲一一變而爲七七變而爲九九變者究也乃復變而爲一一者形變之始也上面既説四箇太字就此又把形氣質總之此不特言理之妙亦是依文機軸文章無此機軸則不見斡旋之妙氣形質具而未相離只是未見氣之始於未見氣之始則但見其渾渾淪淪然萬物相渾淪總三才而言之不比他處説萬物字也循者求也氣既未見則何所視何所聽何所求故易者即太易也即此一句而觀則知形氣質具而下只是發明太易兩字無形埒者言無形迹也變而爲一者氣變而後有太極也有太極而後有陰陽五行故曰一變而爲七陰陽二與五行共爲七也少陰老陰之數八與六少陽老陽之數七與九此所謂九者即乾數之極也或以七言少陽九言老陽則非此書之意

九者復變而爲一。蓋言物極則變也。有必歸於無也。無能生有。故曰一者形變之始。究極也。

清輕者上爲天。濁重者下爲地。沖和氣者爲人。故天地含精。萬物化生。陽氣輕清而上爲天。陰氣濁重而下爲地。陰陽之氣。和合而爲人。沖亦和也。天地之生物亦是合陰陽之精而後化。化生生也。故曰獨陰不生。獨陽不成。

子列子曰。天地無全功。聖人無全能。萬物無全用。故天職生覆。地職形載。聖職教化。物職所宜。然則天有所短。地有所長。聖有所否。物有所通。何則。生覆者不能形載。形載者不能教化。教化者不能違所宜。宜定者不出所位。故天地

之道非陰則陽聖人之教非仁則義萬物之宜非柔則剛此皆隨所宜而不能出所位者也

此一段十分正當之論其大意只謂雖天地亦不能盡造化之用而況人物乎天能生物能覆物地能成形能載物各有所能是無全功矣聖居天地之間而職教化之事隨萬物之所宜而各職其職聖有所否物有所通言聖人或有所不能而物能之者教化不能遠所宜如忠質文之隨時九德之隨其性皆是不能遠所宜也物之所宜各有一定如曲者不可以爲直小者不可以爲大鹹者不可以爲酸凉者不可以爲熱是不出其所位也陰陽剛柔仁義易大傳分作天地人說此又分作天地聖人萬物說亦自有理

故有生者有生生者有形者有形形者有聲者有聲聲者有色者有色

色者有味者有味味者生之所生者死矣而生
生者未嘗終形之所形者實矣而形形者未嘗
有聲之所聲者聞矣而聲聲者未嘗發色之所
色者彰矣而色色者未嘗顯味之所味者嘗矣
而味味者未嘗呈皆無爲之職也有生有形有聲有色有味指天地間萬物而言也生生形形聲聲色色味味造化也職主也無爲造化也不生者生其所生無形者形其所形以至色其所色聲其所聲味其所味皆造化之所職如此下得來又自奇特
能陰能陽能柔能剛能短能長能圓能方能
生能死能暑能涼能浮能沉能宮能商能出能

沒能玄能黃能甘能苦能羶能香無知也無能也而無不知也而無不能也（二十四箇能字只是造物兩字造化之妙雖若無知無能而無所不知無所不能此段又好）子列子適衛食於道從者見百歲髑髏攓蓬而指顧謂弟子百豐曰唯予與彼知而未嘗生未嘗死也此過養乎過歡乎種有幾若鼃爲鶉得水爲㡭得水土之際則爲鼃蠙之衣生於陵屯則爲陵舄陵舄得鬱棲則爲烏足烏足之根爲蠐螬其葉爲胡蝶胡蝶胥也化而爲蟲生竈下其狀若脫其名曰

鴝掇。鴝掇千日化而爲鳥，其名曰乾餘骨。乾餘骨之沫爲斯彌。斯彌爲食醯頤輅。食醯頤輅生乎食醯黄軦。食醯黄軦生乎九猷。九猷生乎瞀芮。瞀芮生乎腐蠸。

此段與莊子同，但中間又添數語。食於道傍，見蓬草之中有此枯髑髏而指之，以語弟子百豐，其名也。未嘗生，未嘗死，無生無死也。彼指髑髏也。予則列子自謂也。過養過歡二句，莊子曰：若果養乎？予果歡乎？其語意甚深。此書去若予二字，以果爲過，恐聲之訛也。若如此說，則謂此其死者生前自養過當乎？歡樂過當乎？理雖亦通，殊無意味。若如莊子之意，則曰若果知人生之所以自養者乎？我果知死後寂滅之樂者乎？若指髑髏，予乃自謂也。生而飲食曰養，死以寂滅爲樂，却如此倒說，乃是弄奇筆處。種有幾者，言天地之間物之生生種各不同却皆就至微底說不是以小喻大蓋言雖大無異於小也便是無細無大無貴無賤之意其意固止如此而文字之妙絕出千古整齊中不整齊不整齊中整齊如看飛雲斷鴈如看孤峯斷坂愈讀愈好此書中間又添數句便覺不及莊子若鼃爲鶉鼃化爲鶉也鼃即蛙也此四字莊子所無亦與下句不相入繼者水上塵垢初生苔而未成也亦有絲縷相縈之意但其爲物甚微耳鼃蠙之衣即青苔也水土之際水中附岸處也附岸處例多而厚故曰衣此兩句說了箇青苔却又就陵屯上說來陵屯也田野中高處也陵舄車錢草也鬱棲糞壤也車錢草生糞壤之中則變而爲烏足草烏足之根又化而爲蠐螬烏足之葉又化爲胡蝶蠐螬蝎蟲也胥胡蝶之別名也就胡蝶下添此一句尤奇此下又說化生者竈下之蟲化而生者名爲鴝掇軟而無皮無殼故曰若脫如今柑蟲然鴝掇之蟲又化而爲鳥乾餘骨鳥名也其口

之流沫。又化爲斯彌斯彌蟲也食醯蠛蠓也頤
輅黃軦皆蟲名也此處此莊子多三个食醯字恐
亦傳寫之誤。九猷瞀芮腐蠸。亦蟲名也莊子於
此。却省數字貞意盡謂萬物變化生生不窮無
有盡時也羊肝化爲地臯馬血之爲轉燐也。人血之
爲野火也。鷂之爲鸇鸇之爲布穀布穀久復爲
鷂也。燕之爲蛤也。田鼠之爲鶉也。朽瓜之爲魚也。
老韭之爲莧也。老羭之爲猨也。魚卵之爲蟲。亶
爰之獸。自孕而生曰類。河澤之鳥。視而生曰鶂。
純雌其名大䏁。純雄其名穉蜂。此數行乃莊子所無中間又有
數也字文勢亦不類。然亦皆爲物化之事。如月
令雀化爲蛤。鷹化爲鳩。此天地間自然之理。必

有之。羊老揄為猨，如老鼠之為蝙蝠也。亶爰山名也，出山海經。其狀若貍而有髮，自孕者無牡而皆牝也。今人說海中女人國亦然。類者其名也。鶂即莊子所謂雄鳴上風，雌鳴下風，相視而風化者也。大膂龜鼈之屬，純雌而無雄；蜂則純雄而無雌也。穉小也。蜂之在旁，只呪而化。其尾有刺，獨為王者無之。或云此蟲以衆陽而宗陰，陰為君也。

思士不妻而感，思女不夫而孕。后稷生乎巨跡，伊尹生乎空桑。此四句又就人中變化者言之

厥昭生乎濕，醯雞生乎酒。此兩句又就食物中易見者言之

羊奚比乎不筍，久竹生青寧，青寧生程，程生馬，馬生人，人久入於機。萬物皆出於機，皆入於機。自此以下却與莊子同。若就莊子觀之，上面一截說了，却把箇至怪底結

殺此是其立意驚駭世俗處非實話也今係入思士思女等語卻渾雜了羊奚草名也草之似竹而不生筍者曰不筍乂竹筍則可食此不可食也青寧蟲也程亦蟲也馬亦草名也如今所謂馬齒菜馬藍草也人亦草名也如今所謂人參人面子也分明是用許多草名卻把馬與人字說故意爲詭怪名字前後解者皆以爲未詳是千萬世之人爲其愚弄看不破也萬物之變化化生生何所不有入於機者言歸於盡也出機入機即是出入死生也便是火傳也不知其盡也 至樂篇。嘗疑列子非全書就此段看得愈分曉蓋自秦而下書多散亡求而後出得之有先後存者有多寡至校讎而後定校讎之時已自錯雜及典午中原之禍書又散亡至江南而復出所以多有僞書雜乎其間如關尹子亦然好處儘好雜處儘雜此書第一篇前頭數段極妙無可疑者中間未免爲人所雜然其文字精粗亦易見也

黃帝書曰形動

不生形而生影聲動不生聲而生響無動不生無而生有形必終者也天地終乎與我偕終終進乎不知也道終乎本無始進乎本不久有生則復於不生有形則復於無形不生者非本不生者也無形者非本無形者也

形動生影聲動生響此兩句自好其意蓋以喻無之生有也生之有者皆自無而始則凡有必歸於無有形者必有終天地亦形也安得不與我偕終乎若以爲天地終於有盡則又非我之所能知故曰終進乎不知也進盡也以盡爲進聲之訛也本無始則無終矣本不久則無盡矣不久者變化而不暫停也有生者必歸於不生蓋不生者生之也有形者必歸於無形蓋無形者形之也本不生者則無不

生之名本無形者則無無形之名謂之不生謂之無形已離其真矣故曰不生者非本不生者也無形者非本無形者也生者理之必終者也終者不得不終亦如生者之不得不生而欲恒其生畫其終惑於數也精神者天之分骨骸者地之分屬天清而散屬地濁而聚精神離形各歸其眞故謂之鬼鬼歸也歸其眞宅黃帝曰精神入其門骨骸反其根我尚何存此段正言生死之理說得自是分曉死生常理也而貪生者常欲求生畫止也畫其終欲止而不終也惑於數言爲長短之數所惑也精神屬於天骨骸屬於地圓覺四大之說也分者分與之也入其門言歸其所自出之地也反其根言反其

所始之地也精神骨骸既各復其初則今者之我尚何存乎此即圓覺所謂今我法身當在何處也朱文公於此謂釋氏剽竊其說恐亦不然從古以來天地間自有一種議論如此此原壤即此類人物佛出於西方豈應於此剽竊詆之太過則不公矣

人自生至終大化有四嬰孩也少壯也老耄也死亡也其在嬰孩氣專志一和之至也物不傷焉德莫加焉其在少壯則血氣飄溢欲慮充起物所攻焉德故衰焉其在老耄則欲慮柔焉體將休焉物莫先焉雖未及嬰孩之全方於少壯間矣其在死亡也則之於息焉反其極矣血氣未定方剛既衰聖人分作三截今此

分作四段莊子曰大塊載我以形勞我以生逸我以老息我以死亦分作四截嬰孩之和老子形容至矣血氣飄溢即聖人所謂方剛也欲慮充起即勞生之事也欲富欲貴欲也思前筭後慮也充盛也起也起不可遏也外物攻其亡則嬰孩之時所謂和德者衰矣既老則欲慮雖有而不能自強莊子謂之逸以老此謂體將休意同而辭異爾物莫先者言不能與物爭先自然孩退雖未及嬰孩與物無傷之時而比之少壯爲物所攻之日則有間矣至於形氣既盡反而歸其所即莊所謂息我以死也極者太極之極也形所謂形變之始也

孔子遊於太山見榮啓期行乎郕之野鹿裘帶索鼓琴而歌孔子問曰先生所以樂何也對曰吾樂甚多天生萬物唯人爲貴而吾得爲人是一樂也男女

之別。男尊女卑故以男爲貴吾既得爲男矣是二樂也。人生有不見日月不免襁褓者吾既已行年九十矣是三樂也。貧者士之常也死者人之終也。處常得終當何憂哉。孔子曰善乎能自寛者也。榮姓也啓期名也以鹿皮爲裘以索爲帶天地之性人爲貴於物也人類之中男貴於女三樂之說近人情之論也此章誨人以貧富死生之理故如此寓言能自寛者以其非見道而能推物理以自寛也杜詩所謂江上小堂巢翡翠苑邊高塚卧麒麟細推物理須行樂何用浮名絆此身便是此章之意林類年且百歲底春被裘拾遺穗於故畦並歌並進孔子適衛望之於野顧謂弟子曰彼叟可與言者試往訊之子貢請行逆之壠端面之而嘆曰先生曾不悔乎而行歌拾穗林類行不留歌不輟子貢叩之不已乃仰而應曰吾何悔邪子貢曰先生少不勤行長不競時老無妻子死期將至亦有何樂而拾穗行歌乎林類笑曰吾之所以爲樂人皆有之而反以爲憂少不勤行長不競時故能壽若此老無妻子死期將至故能樂若此子貢曰壽者人之情死者人之惡子以死爲樂何也林類曰死之

與生。一往一反。故死於是者。安知不生於彼。故吾知其不相若矣。吾又安知營營而求生非惑乎。亦又安知吾今之死。不愈昔之生乎。子貢聞之。不喻其意。還以告夫子。夫子曰。吾知其可與言。果然。然彼得之而不盡者也。底春當在春時也。並歌並進。言且行且歌也。少不勤行。言少不學而無聞於人也。長不競時。言其不能爭名爭利於世也。子貢以此譏之。而林類以爲我惟不勤行。惟不競時故有此如此之壽。使其勞力勞心。以爭身外之名利。則將中道而夭矣。子貢林類寓言而名之也。死之與生。一往一返。言自生而死。猶往之必返。死於是者。安知不生於彼。此便是佛家今生求生前身後身之說也。吾知其不相若者。言今生安知不勝於來生後身安知不勝於前身也今之死不愈昔之生即莊子弱喪不知歸之説得之而不盡者言其得死生之理而未盡其妙也列子之書皆尊敬孔子故其寓言之中多借孔子以爲説不知果出於列子否耶

子貢倦於學告仲尼曰願有所息仲尼曰生無所息子貢曰然則賜息無所乎仲尼曰有焉耳望其壙睪如也宰如也墳如也鬲如也則知所息矣子貢曰大哉死乎君子息焉小人伏焉仲尼曰賜汝知之矣人胥知生之樂未知生之苦知老之憊未知老之佚知死之惡未知死之息也

倦於學者學而未得其要勞以已久故有厭倦之意息

止也。吾見其進。未見其止。异也。子貢倦於學而
求所止之地。夫子乃以生無所息告之。此列子
借聖賢之名。因進止之說。而明死生之理也。生
與所息者。言有形於此。其生必勞。何時可息。必
死而後可息也。子貢未曉。故再有息與所之問。
而夫子乃以壙墳之事答之。睪睪墳鬲。皆形容
其突起之貌。君子以此而自息。小人之心。雖貪
戀不已。至此亦不容不伏也。據此一段。雖爲貪
生惡死者設。然今禪家有死心之論。有大死人
却活之語。此中又有深意。非徒曰生死而已

晏子曰。善哉古之有死也。仁者息焉。不仁者伏
焉。死也者德之徼也。古者謂死人爲歸人。夫言
死人爲歸人。則生人爲行人矣。行而不知歸。失
家者也。一人失家。一世非之。天下失家。莫知非

焉。有人去鄉土。離六親。廢家業。遊於四方。而不歸者。何人哉。世必謂之爲狂蕩之人矣。又有人鍾賢世。矜巧能。脩名譽。誇張於世。而不知已者。亦何人哉。世必以爲智謀之士。此二者。胥失者也。而世與一不與一。唯聖人知所與。知所去。者仁不仁者。即君子小人之語。微者歸也。言德必至於死而後定也。此即反眞歸根之意。故舉死生之大以明之。失家即弱喪之論。鍾重也。賢形也。世生也。三字皆傳聲之訛。只是重形生。重形生者。以身爲貴也。世人皆以狂蕩爲非。故不與之。而反取智謀之士。殊不知智謀亦非也。聖人之去取。則以道爲主。故曰。知所與知所去。或謂子列子曰。子奚貴虛。

列子曰虛者無貴也貴虛者以虛爲尚也無貴者虛之名亦無之又何貴
尚之有子列子曰非其名也莫如靜莫如虛靜也
虛也得其居矣取也與也失其所矣事之破䃕
而後有舞仁義者弗能復也非其名者言有名即非也老子曰可
名非常名是也曰虛曰靜則無迹矣亦無名矣
無名無迹則得其所居纔有取與分別則失其
所居矣大道破碎而後有仁義之名破䃕者破
碎也言今世之士至於破碎大道而以仁義爲
舞弄則貞淳質樸之風不可得而復反
矣舞仁義如今人所謂舞文弄法也粥熊曰
運轉亡已天地密移疇覺之哉故物損於彼者
盈於此成於此者虧於彼損盈成虧隨世隨死

往來相接間不可省疇覺之哉凡一氣不頓進一形不頓虧亦不覺其成不覺其虧亦如人自世至老貌色智態亡日不異皮膚爪髮隨世隨落非嬰孩時有停而不易也間不可覺俟至後知粥熊借古賢人之名也天地之間運轉無已天一日行一周地有四游升降無一息之停但人居其間而不自覺譬如身在舟中舟行人不知也天地之轉移誰得而覺之竊著言其不可見物之有損有盈有成有虧亦密行於天地之間而人不覺死生之往來循環相接而不已無間隙之可省見川閱水以成川水滔滔而日度世閱人以成世人冉冉以行暮人向世而不新世向人而能故正是此意隨世即隨生也寒暑往來以漸而進故曰一氣不頓進高岸爲谷

深谷爲陵下至一物一器之微亦漸漸而虧損故曰一形不頓虧推其不頓故人亦不覺不頓者不驟也人之自少至老亦然亦無間隙之可見必時至而後知故曰間不可覺俟至後知態體態也智意見也

杞國有人憂天地崩墜身亡所寄廢寢食者又有憂彼之所憂者因往曉之曰天積氣耳亡處亡氣若屈伸呼吸終日在天中行止奈何憂崩墜乎其人曰天果積氣日月星宿不當墜邪曉之者曰日月星宿亦積氣中之有光耀者只使墜亦不能有所中傷其人曰奈地壞何曉者曰地積塊耳充塞四虛亡處亡塊若躇

步跐蹈。終日在地上行止。奈何憂其壞。其人舍然大喜。曉之者亦舍然大喜。長盧子聞而笑之曰。虹蜺也。雲霧也。風雨也。四時也。此積氣之成乎天者也。山嶽也。河海也。金石也。水火也。此積形之成乎地者也。知積氣也。知積塊也。奚謂不壞。夫天地空中之一細物。有中之最巨者。難終難窮。此固然矣。難測難識。此固然矣。憂其壞者。誠爲大遠。言其不壞者。亦爲未是。天地不得不壞。則會歸於壞。遇其壞時。奚爲不憂哉。子列子

聞而笑曰。言天地壞者亦謬。言天地不壞者亦
謬。壞與不壞。吾所不能知也。雖然彼一也。此一
也。故生不知死。死不知生。來不知去。去不知來。
壞與不壞。吾何容心哉。屈伸呼吸。與天中之氣相應則人亦積氣中之
自然者也。日月星宿之光亦自此氣而出。只使
猶曰但使也。政使也。四虛四方太虛之外也。踏
步躊躇也。跐蹈踐蹈也。此言除太虛之外。其內
皆爲積塊也。奚謂不壞者。言積則必散。安得不
壞。此段之意。蓋謂天本積氣。地本積塊。必有壞
時。故設爲此語以形容之。易曰。乾坤毀則無以
見道。聖人亦有此意。但不言耳。太虛之中。無形
無極。天地之在其間。亦細物耳。但以人之所見
有物者而觀之。則爲有中之最巨。此兩句亦好。
難終難窮。難測難識者。言人不可得而知也。未

後一轉却曰來不知去去不知來蓋以學道之人不當容心於有無去來也今之禪家却出於此後面一轉

舜問乎丞曰道可得而有乎曰汝身非汝有也汝何得有夫道舜曰吾身非吾有孰有之哉曰是天地之委形也生非汝有是天地之委和也性命非汝有是天地之委順也孫子非汝有是天地之委蜕也故行不知所往處不知所持食不知所以天地強陽氣也又胡可得而有邪委聚也四大假合而爲此身故曰委形陰陽成和而萬物生故曰生者委和也順理也性命在我即造化之理故曰委順人世相代如蟬蛻然故曰子孫委蛻也不知所持無執着

㲃也。強陽氣，氣即生氣也。動者為陽。人之行㲃飲
食。皆此氣之動為之。皆非我有也。圓覺所謂今
者妄身。當在何處。便是此意。此段與莊子知北
游篇同。但丞烝字莊子作承是也。此必傳寫之誤。
然謂之丞者。
亦寓言之名。

齊之國氏大富。宋之向氏大貧。自宋之齊請其術。國氏告之曰。吾善為盜。始吾為盜也。一年而給。二年而足。三年大穰。自此以往。施及州閭。向氏大喜。喻其為盜之言。而不喻其為盜之道。遂踰垣鑿室。手目所及。亡不探也。未及時。以贓獲罪。沒其先居之財。向氏以國氏之謬己也。往而怨之。國氏曰。若為盜若何。向氏言

其狀。國氏曰。嘻。若失爲盜之道至此乎。今將告若矣。吾聞天有時。地有利。吾盜天地之時利。雲雨之滂潤。山澤之産育。以生吾禾。殖吾稼。築吾垣。建吾舍。陸盜禽獸。水盜魚鼈。亡非盜也。夫禾稼土木。禽獸魚鼈。皆天之所生。豈吾之所有。然吾盜天而無殃。夫金玉珍寶。穀帛財貨。人之所聚。豈天之所與。若盜之而獲罪。孰怨哉。向氏大惑。以爲國氏之重罔己也。過東郭先生問焉。東郭先生曰。若一身庸非盜乎。盜陰陽之和以成若生載若形況外物而非盜哉誠然天地萬物不相離也仞而有之皆惑也國氏之盜公道也故亡殃若之盜私心也故得罪有公私者亦盜也亡公私者亦盜也公公私私天地之德知天地之德者孰爲盜邪孰爲不盜邪未及時者未能數時也先居先出所居積者也謬己欺己也往而然之往見之而出然言也時利天時地利也滂潤浸潤也禾稼土木禽獸魚鼈皆天所生在外者也一身之陰陽亦豈我有此亦天地爲之也誠者信然也天地萬物不相離者物物皆出於天地無一物可離於天地也仞與認同認以爲己有者愚惑之見也此章之意蓋言人在天地之間皆盜竊天地之所有以爲其生故如此形容所以

爲異端之學天時地利以至禽獸魚鼈皆天地之所有人盜而用之聖人則曰用天之道分地之利列子却如此鼓舞其言柳子厚天說之喻亦原於此末後一轉亦與前段同公道人人所同者也私道非人所同也在人之論則有公私在天地之德則無公私公者自公亦天地爲之也私者自私亦天地爲之也以天地之德觀之則盜與不盜皆有爲心者也此意盡謂善善惡惡若出於有心則善亦爲惡矣老子曰天下皆知美之爲美斯惡已正是此意此等處似非列子本書

黃帝第二

黃帝即位十有五年喜天下戴己養正命娛耳目供鼻口焦然肌色皯(居按反)䵳(眉回切)昏然五情

爽惑。又十有五年。憂天下之不治。竭聰明。進智力。營百姓。焦然肌色皯黣。昏然五情爽惑。黃帝乃喟然讚曰。朕之過淫矣。養一己其患如此。治萬物其患如此。於是放萬機。舍宮寢。去直侍。徹鍾懸。減廚膳。退而閒居大庭之館。齋心服形。三月不親政事。晝寢而夢。遊於華胥氏之國。華胥氏之國在弇州之西。台州之北。不知斯齊國幾千萬里。蓋非舟車足力之所及。神遊而已。其國無帥長。自然而已。其民無嗜慾。自然而已。不知樂生。不知惡死。故無夭殤。不知親己。不知疏物。
故無愛憎。不知背逆。不知向順。故無利害。都無
所愛惜。都無所畏忌。入水不溺。入火不熱。斫撻無
傷痛。指擿無痟（音蕭）癢。乘空如履實。寢虛若處牀。
雲霧不硋（與礙同）其視。雷霆不亂其聽。美惡不消
其心。山谷不躓其步。神行而已。黃帝既寤。怡然
自得。召天老力牧太山稽。告之曰。朕閒居三月。
齋心服形。思有以養身治物之道。弗獲其術。疲
而睡。所夢若此。今知至道不可以情求矣。朕知

之矣。朕得之矣，而不能以告若矣。又二十有八年，天下大治，幾若華胥氏之國，而帝登假，百姓號之，二百餘年不輟。此言華胥之国亦與莊子山木篇建德之國其意一同。蓋言黄帝之治天下，始於有心而終至於無心，始於有爲而終至於無爲也。正命，性命也。以性爲正，音之訛也。肌色焦然，言其皺黒而瘦也。昏然，言其五情爽亂，迷惑而昏也。五情，喜怒哀樂欲也。讃合作嘆。淫矣者，言其已甚，如水之浸淫然。注家以淫當作深。直待者，使令之人也。懸，鍾架也。大庭，猶大内也。服形，猶今人言服氣也。淮南云：正西曰弇州，西北曰台州。此言九州之外，猶佛言西渠泥、南閻浮也。斯，離也。齊國，中州也。斯齊國，言去中州千萬里也。自然，無心迹，無向背逆順，言其心無取舍也。入水不溺，入火不熱，無入而不自得也。斫撻無傷痛，指擿無痟癢。

言其雖有形猶無形也。孩與癡同。神行者其行無迹也。夫老力牧泰山稽。黃帝三臣名也。登假者。猶言登遐也。假當作遐。莊子中多有此意。以此列子比莊子。人謂勝之。恐亦未然

列姑射山。在海河洲中。山上有神人焉。吸風飲露。不食五穀。心如淵泉。形如處女。不偎不愛。仙聖為之臣。不畏不怒。原愨為之使。不施不惠。而物自足。不聚不斂。而己無愆。陰陽常調。日月常明。四時常若。風雨常均。字育常時。年穀常豐。而土無札傷。人無夭惡。物無疵癘。鬼無靈響焉。

此段之語。多與莊子同。其意只形容無為之治而已。以如淵泉者。言如止水也。不偎不偎曲也。與不愛同。不畏

不怒言其和也不施不惠無所與也不聚不斂無所取也物旣自足而我無所須須欠闕也字育禽獸生育也札傷疾瘥也物無疵癘無疾痛也鬼無靈響言無妖異也靈怪影響皆鬼之妖也與莊子逍遙篇同

列子師老商氏友伯高子進二子之道乘風而歸尹生聞之從列子居數月不省舍因閒請蘄其術者十反而十不告尹生懟而請辭列子又不命尹生退數月意不已又往從之列子曰女何去來之頻尹生曰曩章戴有請於子子不我告固有憾於子今復脫然是以又來列子曰曩吾以汝爲達今汝之鄙至此乎姬將

告女所學於夫子者矣。自吾之事夫子友若人
也。三年之後。心不敢念是非。口不敢言利害。始
得夫子一眄而已。五年之後。心庚念是非。口庚
言利害。夫子始一解顏而笑。七年之後。從心之
所念。庚無是非。從口之所言。庚無利害。夫子始
一引吾並席而坐。九年之後。橫心之所念。橫口
之所言。亦不知我之是非利害歟。亦不知彼之
是非利害歟。亦不知夫子之爲我師。若人之爲
我友。內外進矣。而後眼如耳。耳如鼻。鼻如口。無

不同也心凝形釋骨肉都融不覺形之所倚足之所履隨風東西猶木葉幹殼竟不知風乘我邪我乘風乎今女居先生之門曾未浹時而懟憾者再三女之片體將氣所不受女之一節將地所不載履虛乘風其可幾乎尹生甚怍屏息良久不敢復言不省舍言不歸宿也懟怨恨也以十請而不告欲辭歸也不命之退聽其自去也又往從之去而復來也章戴尹生之名也姬音居聲之訛也夫子指老商是也若人指伯高子也三年而心無是非之念口無是非之言者以靜默自守恐自動也庚者更也向也去是非利害之念絕是非利害之言今復有之而此心已定無不出於正也從聽從也

所念所言皆聽其自然而無容心於是非利害之間是心與理一無復決擇也橫也縱心所念不涉思惟也縱口所言橫說竪說皆可也放縱自由不復知有是非利害則心與理化而忘之矣此四節正學道工夫次第也在內既與理化則動容周旋之間亦與俱化故曰內外俱進矣至如眼耳鼻口無不同者此化而忘之之時也釋氏謂之六用一源亦是此意也幹身也幹殼即蟬蛻之殼也木葉幹殼言不知有其身也忘其身而後可以乘風也汝之懟憾如此是身心之累未忘則片體一節天地且不能受載況渾身乎此章蓋言其御風之學必至於視身如無而後可也此非虛言唯學道者方知此語之為實也

列子問關尹曰至人潛行不窒蹈火不熱行乎萬物之上而不慄請問何以至於此關尹曰是純氣之守也非智

巧果敢之列。姫魚語女。凡有貌像聲色者皆物也。物與物何以相遠也。夫奚足以至乎先是色而已。則物之造乎不形。而止乎無所化。夫得是而窮之者。焉得而正焉。彼將處乎不深之度。而藏乎無端之紀。游乎萬物之所終始。壹其性。養其氣。含其德。以通乎物之所造。夫若是者。其天守全。其神無郤。物奚自入焉關尹名喜見老子者此非師友相傳之言。則是借其名以爲說。關尹子自有書。雖其書爲後人所雜。而中間絕到之語。非諸子所及也。潛行不空。言行於空中。如實地也。萬物之上。言其高也。純氣之守。今養生之學者。亦如之守以無心則可非智巧所及非果敢之勇所能也莊子達生篇亦有此語此是其一宗學問相傳之語却是一件大條貫姍居也魚吾也音之訛也像貌聲色有形之物也若皆囿於有形之間則何以相遠惟無心則超乎萬物之上也先者造化之始也奚足以至乎先言囿於有形則不足以知造化之始也前言貌像聲色此只言是色而已四字之中只掇一字文法也不形者未見氣之先也無所化者造化未萌之始也造者物之所自出也止者在也若未知不形無所化之然但以得於物者而窮之焉得為至到之見乎正者極至之謂也不深之度謂只在面前至淺近而人不見也無端無始也度法也紀統也言此即目前之法而却不知所始也藏隱而不知也如夫子以我為隱也萬物之終始物之所造皆造化也一其性養其氣含其德只是純一靜守而已以理言則為性以生言則為氣以得之於己者則為德其天守全言其純一者不汩

也無退郤者定也純一而定則外物皆不得以動之故曰物奚自入焉夫醉者之墜於車也雖疾不死骨節與人同而犯害與人異其神全也乘亦弗知也墜亦弗知也死生驚懼不入乎其胸是故遻物而不慴彼得全於酒而猶若是而況得全於天乎聖人藏於天故物莫之能傷也此數語與莊子同犯害即墜也乘車之時與墜車之時皆醉而不知無所恐懼故其神全推其神全雖有所傷而病亦不至死遻物不爲物所迕也不慴不攫也藏於天無心而忘己也故以此喻之此數語極爲精密列禦寇爲伯昏無人射引之盈貫措盃水其肘上發之鏑矢復沓方

矢復寓當是時也猶象人也伯昏無人曰是射之射非不射之射也當與汝登高山履危石臨百仞之淵若能射乎於是無人遂登高山履危石臨百仞之淵背逡巡足二分垂在外揖禦寇而進之禦寇伏地汗流至踵伯昏無人曰夫至人者上闚青天下潛黃泉揮斥八極神氣不變今汝怵然有恂目之志爾於中也殆矣夫此段與莊子田子方篇全同引之盈貫開弓而至滿也前手直而持平可以致一盃水於其肘上言定也發射也適去也沓重也又也矢方去而矢又在弦上沓於弦上者纔去而方來之矢又寓於弦

上矣此言一箭接一箭如此其神速也冡人木偶人也背逡巡者言面向高山背臨深淵退而未已之意故曰逡巡三分其足一半在岸二分垂於虛處可謂危之至而伯昏能之者即所謂純氣之守也覆地而射射之常也故曰非不射之射也神能守一則雖上闚青天下至黃泉揮斥乎八極其心亦無所變動若於險夷境界猶怵然而恂其目則是未知至人之學也以此爲射而欲求中的之精義亦難矣故曰爾於中也殆矣哉怵懼也恂動也恂目動目也殆難之意也

范氏有子曰子華善養私名擧國服之有寵於晉君不仕而居三卿之右目所偏視晉國爵之口所偏肥晉國黜之遊其庭者侔於朝子華使其俠客以智鄙相攻強弱相凌雖傷破於前

不用介意終日夜以此爲戲樂國殆成俗禾生子伯范氏之上客出行經坰外宿於田更商丘開之舍中夜禾生子伯二人相與言子華之名勢能使存者亡亡者存富者貧貧者富商丘開先窘於飢寒潛於牖北聽之因假糧荷畚之子華之門子華之門徒皆世族也縞衣乘軒緩步闊視顧見商丘開年老力弱面目黧黑衣冠不檢莫不眲仍吏反之既而狎侮欺詒攩止兩反抋必結切挨倚海切抌勇主切亡所不爲商丘開常無慍容

而諸客之技單憊於戲笑遂與商丘開俱乘高
臺於衆中漫言曰有能自投下者賞百金衆皆
競應商丘開以爲信然遂先投下形若飛鳥揚
於地骪骨無碼范氏之黨以爲偶然未詎怪也
因復指河曲之淫隈曰彼中有寶珠泳可得也
商丘開復從而泳之既出果得珠焉衆昉同疑
子華昉令豫肉食衣帛之次俄而范氏之藏大
火子華曰若能入火取錦者從所得多少賞若
商丘開往無難色入火往還埃不漫身不焦范

氏之黨以爲有道乃共謝之曰吾不知子之有道而誕子吾不知子之神人而辱子子其愚我也子其聾我也子其盲我也敢問其道商丘開曰吾亡道雖吾之心亦不知所以雖然有一於此試與子言之曩子二客之宿吾舍也聞譽范氏之勢能使存者亡亡者存富者貧貧者富吾誠之無二心故不遠而來及來以子黨之言皆實也唯恐誠之之不至行之之不及不知形體之所措利害之所存也心一而物亡迕者如斯

而已。今昉知子黨之誕我。我內藏猜慮。外矜觀聽。追幸昔日之不焦溺也。怛然內熱。惕然震悸矣。水火豈復可近哉。自此之後。范氏門徒路遇乞兒馬醫。弗敢辱也。必下車而揖之。宰我聞之。以告仲尼。仲尼曰。汝弗知乎。夫至信之人。可以感物也。動天地。感鬼神。橫六合。而無逆者。豈但履危險。入水火而已哉。商丘開信僞物猶不逆。況彼我皆誠哉。小子識之。此段形容誠字極精切。看得此意盡。則可以學道。私名。私僕也。浙江人謂之私身是也。口所偏肥。言惡而咀嚙之。晉國視其好惡而升

黠其人智鄙智愚也傷破爭競有所傷損也一
國之人當時以此成俗禾生子伯二客名也垌
外野外也田更野老也三老五更皆老者之稱
衣冠不撿言其破碎不整也輒輕視之意攩拯
挨扰四字皆戲侮而推打之也單備言戲侮之
力罷盡也漫言等閑説也骳骨無髊無所毀傷
也淫猥水盤渦處也昉始也始令其同客衣帛
食肉也埃不漫烟埃不能眯迷之也吾誠之無
二心言信而不疑也不知形體之所措忘其身
也不知利害之所存不知世之有患害也其心
既一則物無迕於己者今既知子黨之言爲欺
誑則内之疑慮已生外之觀聽已惑回思前日
之蹈水火幸而不焦溺爾此意蓋言心纔盡處
利害禍福皆不足以動之有一毫計慮之思則
難矣禪家有滲漏三字極佳乞兒馬醫其心苟
誠皆可學道所以見之必下車也此亦圓覺經
不輕初學之意至信即至誠也信僞謂信人
之僞言以爲誠猶且若此而况眞誠者乎　周

宣王之牧正有役人梁鴦者能養野禽獸委食
於園庭之内雖虎狼鵰鶚之類無不柔馴者雌
雄在前孳尾成羣異類雜居不相搏噬也王慮
其術終於其身令毛丘園傳之梁鴦曰鴦賤役
也何術以告爾懼王之謂隱於爾也且一言我
養虎之法凡順之則喜逆之則怒此有血氣者
之性也然喜怒豈妄發哉皆逆之所犯也夫食
虎者不敢以生物與之爲其殺之之怒也不敢
以全物與之爲其碎之之怒也時其飢飽達其

怒心。虎之與人異類。而媚養己者順也。故其殺之逆也。然則吾豈敢逆之使怒哉。亦不順之使喜也。夫喜之復也必怒。怒之復也常喜。皆不中也。今吾心無逆順者也。則鳥獸之視吾猶其儕也。故遊吾園者不思高林曠澤。寢吾庭者不願深山幽谷。理使然也。牧正掌牧之官也。役人其使令者也。慮其術不傳。使之教毛丘園也。不言養他獸而言養虎者。舉其大者也。不敢以生物全物與之。恐其怒心之萌也。虎雖與人異類。而食養之者莫不媚愛之。以其能順其性也。此數語與莊子人間世篇同。吾豈逆之使怒。亦不順之使喜。喜之復也必怒。怒之復也常喜。此數語形容得人情物理極精。不中者。言皆不中理也。心無逆順即無心也。無心則能與物相忘。此意蓋不過發明無心之理。極是一段好說話。顏回問乎仲尼曰。吾嘗濟乎觴深之淵矣。津人操舟若神。吾問焉曰。操舟可學邪。曰可。能游者可教也。善游者數能。乃若夫没人。則未嘗見舟而謖操之者也。吾問焉而不告。敢問何謂也。仲尼曰。譆。吾與若玩其文也久矣。而未達其實。而固且道與。能游者可教也。輕水也。善游者之數能也。忘水也。乃若夫没水之未嘗見舟也。而謖操之也。彼視淵若陵。視舟之覆猶其車卻也覆卻萬物方陳乎前而不得入其舍惡往而不暇觴深淵名也游指浮者也善游數於浮者也沒人能入水者也謖起也譩與噫同玩其文玩其外也實內也言見道未深也而固且道與而汝也汝且以是為道與謂未見道之內方見道之外使以為道與輕於水者可教以其不畏水也忘於水者數數率之則能也以其熟於水也若沒人則不學而起操舟以其視水如平地也萬物之或覆或卻雖陳於前而不能動其心則何所往而不自得此又總言理也心者神明之舍不得入其舍即不動其心也

以瓦摳者巧以鉤摳者憚以黃金摳者惛巧一也而有所矜則重外也凡重外者拙內此數語與莊子達生篇同但莊子以為注此以為摳字異而義同摳投也莊子以為輕內此以為拱內拱者拱

摳之也鉤帶也鉤重於丸金重於鉤謂射者之
巧於心本一纔有所顧惜則所重在外而內心
則有所扞格而揮而
惛也雖巧亦拙矣

孔子觀於呂梁懸水三十
仞流沫三十里黿鼉魚鼈之所不能游也見一
丈夫游之以為有苦而欲死者也使弟子並流
而承之數百步而出被髮行歌而游於棠行孔
子從而問之曰呂梁懸水三十仞流沫三十里
黿鼉魚鼈所不能游向吾見子道之以為有苦
而欲死者使弟子並流將承子子出而被髮行
歌吾以子為鬼也察子則人也請問蹈水有道

乎曰亡吾無道吾始乎故長乎性成乎命與齎俱入與汨偕出從水之道而不爲私焉此吾所以道之也孔子曰何謂始乎故長乎性成乎命也曰吾生於陵而安於陵故也長於水而安於水性也不知吾所以然而然命也呂梁地名也懸水瀑布也水沫之流其廣三十里大也並流泝流而捄之也承接也常行注云合作塘下隄也齎莊子達生篇作齊乃水之旋磨處也齎字亦誤也汨湧處也出入隨水上下也從水之道而不容私是順水之勢而無容心也生於陵則安於陵長於水則安於水皆隨其自然而不知所以然故性命三字初無分別但如此作文耳若以生長字強示意義則誤矣孟子曰言性則故而已矣即

此故字仲尼適楚出於林中見痀僂者承蜩猶掇之也仲尼曰子巧乎有道邪曰我有道也五六月纍琓音丸二而不墜則失者錙銖纍三而不墜則失者十一纍五而不墜猶掇之也吾處也若橛株駒吾執臂若槁木之枝雖天地之大萬物之多而唯蜩翼之知吾不反不側不以萬物易蜩之翼何爲而不得孔子顧謂弟子曰用志不分乃凝於神其痀僂丈人之謂乎丈人曰汝逢衣徒也亦何知問是乎修汝所以而後載言其

上此段與莊子達生篇同承蜩持竿而粘蟬者也累丸於竿首自二至五而不墜則其凝定入神矣郭象注莊子下兩箇停審字亦自好擨株駒今所謂木樁也擨樁也株木之名也駒定也想古時有此三字不反不側止是凝定也當承蜩時其身如木擨而不動其臂如槁木然其心一於蜩主於蜩而不知有他物純一之至也用志不分其志不貳也凝於神凝定而神妙也此雖借喻以論純氣之守而世間實有此事今世亦有之但以爲技而不知道實寓焉痀僂者背曲也逢衣儒者之服也能修汝今日之所以言而後可以更言向上之事此言其道之妙不止於此也載言更言也上語上之上也其他與莊子同現莊子作丸疑莊子作凝字從莊子爲是

海上之人有好漚鳥者每旦之海上從漚鳥游漚鳥之至者百住而不止其父曰吾聞漚鳥皆

從汝游汝取來吾玩之明日之海上漚鳥舞而不下也故曰至言去言至爲無爲齊智之所知則淺矣漚與鷗通用百往而不止言其往來之多不止於百數也舞而不下疑之也蓋謂此心稍萌則其機已露豈能與物我相忘哉以此喻無言之言無爲之爲不知之知意極親切蓋無爲無言無知皆無告心而已至言則無言矣故曰至言去言至爲則無爲矣故曰至爲無爲人不知其所不可知而皆以其所可知者爲知其所見淺矣故曰齊知之所知齊同也猶此皆字也此二句與莊子達生篇同趙襄子率徒十萬狩於中山藉芿燔林扇赫百里有一人從石壁中出隨煙燼上下衆謂鬼物火過徐行而出若無所經涉

者襄子怪而留之徐而察之形色七竅人也氣息音聲人也問奚道而處石奚道而入火其人曰奚物而謂石奚物而謂火襄子曰而向之所出者石也而向之所涉者火也其人曰不知也魏文侯聞之問子夏曰彼何人哉子夏曰以商所聞夫子之言和者大同於物物無得傷閡者游金石蹈水火皆可也文侯曰吾子奚不爲之子夏曰刳心去智商未之能雖然試語之有暇矣文侯曰夫子奚不爲之子夏曰夫子能之而

能不爲者也文侯大說藉芿藉草也躪藉其草燔燒其林以火獵也奚物謂石奚物謂火此亦不知之知之喻涉火之說亦與商丘開與同意和者大同於物此和字造化也胷中與造化爲一則物無不同初無傷礙劊心去智即不知之知也試語之有眼試嘗也言亦專講明此之久矣夫子能之能不爲便是黃檗與異僧度水黃檗以爲與妖揑怪彼僧回首而謝曰大乘法器我所不及正此論也

有神巫自齊來處於鄭命曰季咸知人死生存亡禍福壽夭期以歲月旬日如神鄭人見之皆避而走列子見之而心醉而歸以告壺丘子曰始吾以夫子之道爲至矣則又有至焉者矣壺子曰吾與女旣其文未

旣其實。而固得道歟。衆雌而無雄。而又奚卵焉。而以道與世抗必信矣。夫故使人得而相汝。嘗試與來以予示之（歲月旬日或遠或近也。神巫相者也。其言皆驗若神。棄之而走者。畏其言之驗也。心醉者。心服也。旣其文盡其外也。未旣其實。未盡其內也。而汝也。汝未嘗盡見其實。固以爲能得道乎。固字有未得謂得之意。當以語勢思之。有雌雄而後有所生卵生也。無雌又奚卵。言無心則無迹也。此一句是喻其心未能化。故可以形見之意。抗高也。自以其道爲高於世。而欲人必信之。此便是有迹處。便是未化處。故神巫得以相汝）明日列子與之見壺子。出而謂列子曰。譆子之先生死矣。弗活矣。不可以旬數矣。吾見怪焉。見濕灰焉

列子入涕泣沾衿以告壺子壺子曰向吾示之
以地文罪合作萌乎不誫合作震不止是殆見吾杜
德幾也濕灰者言其生氣將盡如灰已濕而欲滅也地文者此猶禪家脩觀之名罪合
作萌萌乎若生而不生之意不誫即不震也不震不動也不止合作不正不正者不可指定言
也此不正字便與孟子必有事焉而勿正同推有昔萌動而又不動故神巫以爲濕灰活灰火
也濕灰則是活火欲滅之意杜德幾亦是脩觀之名德幾生意也杜閉也閉其機而不動故有
生意欲滅之狀季咸遂以爲不活矣嘗又與來明日又與之見壺
子出而謂列子曰幸矣子之先生遇我也有瘳
矣灰然有生矣吾見杜權矣列子入告壺子壺

子曰向吾示之以天壤名實不入而機發於踵此爲杜權是殆見吾善者機也杜權不動之動也權與機同但機微而權則露矣於杜閉之中而動機已露故季咸以爲全然有生意也又合作全天壤亦是觀名猶言天田也天上之田非壤之壤即自然之壤也猶今脩養家以舌爲天津以頂上爲泥丸之類此是生意萌動而上之意名實不入即是有無俱遣機發於踵言其氣自下而上微而不可見故曰機善者機猶言性之動處也嘗又與來明日又與之見壺子出而謂列子曰子之先生坐不齋吾無得而相焉試齋將且復相之列子入告壺子壺子曰向吾示之以太冲莫朕是殆見吾衡氣機也太冲

莫朕亦觀名也。太冲太虛也。莫朕不見朕兆倪也。衡若平也。半也。氣機之動至於衡平一半之地而止。則是半動半靜也。神巫以爲不齋。言其半動半靜而不定也。鯢旋之潘爲淵。止水之潘爲淵。流水之潘爲淵。濫水之潘爲淵。沃水之潘爲淵。氿水之潘爲淵。雍水之潘爲淵。汧水之潘爲淵。肥水之潘爲淵。是爲九淵焉。

此一段所言九淵。正脩觀之名也。今佛家以爲觀。而古人以爲淵。淵有九名。想猶今十二觀也。但莊子只言其三。此有其九。似非列子本書。必後人所增也。潘合作審。從莊爲是。審信也。九淵之名。皆是借喻。故曰某喻信爲某淵。某喻信爲某淵也。鯢大魚也。旋盤旋也。莊子作桓爲是。水中有鯢。半靜半動之象也。即所謂衡氣機也。止水靜也。即所謂杜德機也。流水動也。即所謂善者幾也莊子曰淵有九名此處其三止舉此三者之跡以證其前言也看此書語脉似失本意以此觀之二書之是非可見濫水自下而傍上出者也沃水從上溜下者也沈水一作氿合作氿水從旁穴出曰氿也雍水壅遏而不流非自止之水也汧水泉之潛出水停成汙池者也肥水毛詩傳云所出同而所歸異是也以上水名多見爾雅及後人以爾雅之名而增之注家曰水之湍激流止如至人之心因外物難易有動寂進退之容此說誤矣郭象注莊子此處亦此類爾

嘗又與來明日又與之見壺子立未定自失而走壺子曰追之列子追之而不及反以報壺子曰已滅矣已失矣吾不及也壺子曰向吾示之以未始出吾宗吾與之虛而猗移不知其誰

何。因以爲弟靡。因以爲波流。故逃也。已滅已失，言不可見也。未始出吾宗，亦是觀名。虛，虛無也。猶移合作委蛇，順也。若無物若有物。不知其如何。故曰不知其誰何也。弟音頹。弟靡者，拉扱也。波流者，弃蕩也。言其看我不出，但見拉扱弃傷。故自失而走也。

然後列子自以爲未始學而歸。三年不出。爲其妻爨。食豕如食人。於事無親。雕琢復朴。塊然獨以其形立。紛然而封戎。壹以是終。爲其妻爨，代其妻執爨於鼎竈之間。而不出也。食豕如食人。言集神於內。而不見其外也。於事無親者。言其雖爲事而不自知。若不親爲之也。雕琢其聰明而歸復於朴。謂隳肢體黜聰明也。塊然獨以其形立。猶木偶人也。封，有廉隅也。紛，多也。其形已如木偶。安有封畛廉隅之多乎。一以是終若。言其終身常如此也。一常如此之意。㤋合作紛。戎合作哉。從莊子爲是。此皆傳寫之誤也。莊列皆一宗之學。此等議論。必其平昔所講聞者。故二書皆有之。子列子之齊。中道而反。遇伯昏瞀人。伯昏瞀人曰。奚方而反。曰。吾驚焉。惡乎驚。吾食於十漿。而五漿先饋。伯昏瞀人曰。若是則汝何爲驚已。曰。夫內誠不解。形諜成光。以外鎮人心。使人輕乎貴老。而齏其所患。夫漿人特爲食羹之貨。無多餘之贏。其爲利也薄。其爲權也輕。而猶若是。而況萬乘之主。身勞於國。而智盡於事。彼將任我以事。而效我以功。吾

是以驚伯昏瞀人曰善哉觀乎汝處已人將保
汝矣無幾何而往則户外之屨滿矣伯昏瞀人
北面而立敦杖蹙之乎頤立有閒不言而出賓
者以告列子列子提屨徒跣而走暨乎門問曰
先生既來曾不發藥乎曰已矣吾固告汝曰人
將保汝果保汝矣非汝能使人保汝而汝不能
使人無汝保也而焉用之感也感豫出異且必
有感也搖而本身又無謂也與汝遊者莫汝告
也彼所小言盡人毒也莫覺莫悟何相孰也谿方

而反言在何所而回也食於十漿而五漿先饋其人敬己不待買而饋之和順積中英華發外此聖門之言内誠不解誠積而未化也解化也謀動也形謀形容舉動也成光者有光儀也即積中發外之意而此以爲有迹之學外鎮人心者鎮服也言我未能無迹故人得而見之所以心服而敬我也趙州云老僧修行無力爲鬼神覷破即此意也貴者老者則人所敬我今非老非貴其人反輕彼而敬我言敬己在於貴老之上也甃聚也積也此等事積而久之必成患害言名迹愈露則不能逃當世之患也無多餘之贏言其贏利所餘無多也此句比莊子添一無字則意異矣贏利也世之有力量者則能輕重人賣漿微者也初無權力可以輕重人也而能敬我而我如此况爲君者身方勞而智已竭必將求我而任用我使我效其成功此所謂甃其所患也效獻也晉人喜之故曰善哉觀乎言汝於此具一隻眼也又曰汝止矣胃[illegible][illegible]公出莽矣人

將歸向而守汝以爲師矣虜正也已聽字也保守也歸者衆而守其門也此一保字便已有不足之意蓋脊人之見又高一層也户外之屨滿從學者衆也敦扶蹙之乎頤竪立其杖而拄之於頤也蹙拄也賓者主賓客者也提屨而走古人坐於席必脫屨而後入急於迎脊人故不及穿屨也發藥者教誨也開發而藥石之也廢若置也已矣休言之意我前此已言人將守汝矣汝不能使人無保汝者即莊子所謂忘我易使人忘我難也而焉用之者而汝也用爲也言汝之所爲何以如此感動人也人之感動而悅豫於汝者必汝不能自晦使垂異出見乎其外而致然也故曰感豫出異也汝既如此非惟形見於外者不能自隱必且有所感觸而搖動汝之本身尤無益也無謂即無益也又尤之意也與汝游者汝之朋友也所學未至其言淺近故曰小言其言皆爲人之毒害又無以與汝相規正者則汝終無所覺悟誰復問汝爲汝何也相孰

相誰何也。相借問之意也。此段與莊子列禦寇篇同。但一二字不同耳

楊朱南之沛。老聃西遊於秦。邀於郊。至梁而遇老子。老子中道。仰天而嘆曰。始以汝爲可教。今不可教也。楊朱不答。至舍進涫漱巾櫛。脫履户外。膝行而前曰。向者夫子仰天而歎曰。始以汝爲可教。今不可教。弟子欲請夫子。辭行不閒。是以不敢。今夫子閒矣。請問其過。老子曰。而睢睢而盱盱。而誰與居。大白若辱。盛德若不足。楊朱蹙然變容曰。敬聞命矣。其往也。舍者迎將。家公執席。妻執

巾櫛。舍者避席。煬者避竈。其反也。舍者與之爭席矣。請問其過者。言夫子謂我不可教。其過在何處也。睢睢盱盱。矜持而不自在之貌。誰與居者。言其物我未忘。常若與人同居也。太白若辱者。明而自晦之意。盛德若不足者。言其雖有而不自居也。迎將迎迎送也。家公旅邸之主也。執席執巾櫛奉承之也。煬者炊者也。避舍避竈敬之也。爭席者不知其可敬也。未聞老子之言之先。有矜持自名之意。故人見而敬之。既得點化。則退然自晦。而人視之以爲常人矣。此段與莊子寓言篇全同。但渻字莊子作盥。義亦通。

揚朱過宋東之於逆旅。逆旅人有妾二人。其一人美。其一人惡。惡者貴而美者賤。揚子問其故。逆旅小子對曰。其美者自美。吾不知其美也。其

惡者自惡吾不知其惡也楊子曰弟子記之行
賢而去自賢之行安往而不愛哉此段與莊子山木篇同美
者自美自矜誇也惡者自惡慊然自以爲不足
也行賢而去自賢之行謂有賢者之德而無自
矜之行則隨所往而人皆愛樂之此一節亦是
人生受用親切處孟子以楊朱爲爲我據此數
處則楊朱似爲老子之學豈楊
朱初學老子後自爲爲一宗乎天下有常勝之
道有不常勝之道常勝之道曰柔常不勝之道
曰強二者亦知而人未之知故上古之言強先
不已若者柔先出於己者先不已若者至於若
己則殆矣先出於己者無所殆矣以此勝一身

若徒以此任天下若徒謂不勝而自勝不任而自任也柔可常勝強則不勝此老子之論二者亦知言二者之得失甚易知也而人多未知之故自古以來誇其強者視彼不已若之人則必以我先之爲抉若以此爲強則又有強於我者必與我爭我必不勝則危殆矣故曰先不已若者至於若已則殆矣以柔爲尚者視世之人皆出於己之先而後常居其後在我者常弱常無較則何所危殆乎故曰先出於己者無所殆矣以此道而守其身則在我者常勝故曰以此勝一身若徒若徒者猶曰若而人也徒等也能以一身常勝者即此等人也以此道而任天下之事則亦常勝故曰以此任天下若徒言能以天下自任者亦此等人也蓋我自謂不勝則無時而不勝故曰不勝而自勝我自謂不能任則天下可以自任故曰不任而自任

粥子曰欲剛必以柔守之

欲強必以弱保之，積於柔必剛，積於弱必強。觀其所積，以知禍福之鄉。強勝不若己，至於若己者剛；柔勝出於己者，其力不可量。老聃曰：兵強則滅，木強則折。柔弱者生之徒，堅強者死之徒。

以柔自守則常剛，以弱自保則常強，常強常弱常柔則爲福。不能柔不能弱則爲禍。故曰觀其所積知禍福之鄉，積常久也。以強爲勝不若己者，怨其若己者出，以其剛而與我敵，我則不勝矣。故曰強勝不若己，至於若己者剛也。以柔自守而視世之人皆出於己上，我無所爭，則在我者常勝。故曰柔勝出於己者，其力不可量。此舉鬻子之言也。又以老子數語證之。鬻子自有一書，亦老子之徒。兵強則滅者，恃其兵力以爭戰者必亡也。木強則折者，如藤如柳則難折，木則易折。

也。柔弱者常生。堅強者常死徒類也。此語見老子七十六章。乃人與草木生死爲喻也。故曰之徒。此因上文兵木之喻。故亦曰之徒。意謂柔能勝。強必敗。皆此類也。狀不必童而智。童智不必童而狀。童聖人取童智而遺童狀。衆人近童狀而疏童智。狀與我童者。近而愛之。狀與我異者。疏而畏之。有七尺之骸。手足之異。戴髮含齒。倚而趣者。謂之人。而人未必無獸心。雖有獸心。以狀而見親矣。傅翼戴角。分牙布爪。仰飛伏走。謂之禽獸。而禽獸未必無人心。雖有人心。以狀而見疏矣。童同也。聲之訛也。此意蓋謂人之狀貌。雖異於禽獸。而其心與禽獸同者。聖人之同。不取其貌而取其心。此憒世之論。倚而趣者。相依倚而共越向也。仰上也。伏下也。

庖犧氏。女媧氏。神農氏。夏后氏。蛇身人面。牛首虎鼻。此有非人之狀。而有大聖之德。夏桀。殷紂。魯桓。楚穆。狀貌七竅。皆同於人。而有禽獸之心。而衆人守一狀以求至智。未可幾也。黃帝與炎帝戰於阪泉之野。帥熊羆狼豹貙虎為前驅。鵰鶡鷹鳶為旗幟。此以力使禽獸者也。堯使夔典樂。擊石拊石。百獸率舞。簫韶九成。鳳凰來儀。此以聲致禽獸者也。然則禽獸之心。奚為異人形音與人異而不知接之之道焉聖人無所不知無所不通故得引而使之焉禽獸之智有自然與人同者其齊欲攝生亦不假智於人也牝牡相偶母子相親避平依險違寒就温居則有羣行則有列小者居內壯者居外飲則相攜食則鳴羣太古之時則與人同處與人並行帝王之時始驚駭散亂矣逮於末世隱伏逃竄以避患害今東方介氏之國其國人數數解六畜之語者蓋偏知之所得太古神聖之人備知

萬物情態悉解異類音聲會而聚之訓而受之同於人民故先會鬼神魑魅次達八方人民末聚禽獸蟲蛾言血氣之類心智不殊遠也神聖知其如此故其所教訓者無所遺逸焉三聖其狀異人而有大聖之德以此形容桀紂桓穆雖有人形而實有獸心也因此又言以力使禽獸者以聲致禽獸者引此可見之事以實其說也熊虎前驅東漢巨無霸之事可見鵰鳶為旗旗隨其所指而縱之人則從之之而往故曰旗幟禽獸之智皆有所欲亦養所生豈人教之故曰不假智於人人皆齊皆也攝養也上古之人與麋豕居亦有此事故借其說以形容人獸之論徧知者言其獨悟而得之也故曰徧知之所得惟古聖人則備知之備皆也無所遺逸者[illegible]與異類皆教之也此

意蓋謂上古之世。雖異類可教與人同。而末世之人皆妬異類。而聖人不作。又無以化導之。此亦憤激之言也

宋有狙公者。愛狙養之成羣。能解狙之意。狙亦得公之心。損其家口。充狙之欲。俄而匱焉。將限其食。恐衆狙之不馴於己也。先誑之曰。與若芧朝三而暮四。足乎。衆狙皆起而怒。俄而曰。與若芧朝四而暮三。足乎。衆狙皆伏而喜。物之以能鄙相籠。皆猶此也。聖人以智籠羣愚。亦猶狙公之以智籠衆狙也。名實不虧。使其喜怒哉。此段與莊子齊物篇同。而文稍異。朝三而暮四。先少而後多。朝四而暮三。先多而後少。其

實皆七也。能鄙即智愚也。物凡物皆能相籠絡也。聖人以智籠群愚。謂其鼓舞化導。使之不自知也。莊子則以此為無是無非之喻。却與此意異矣。紀消子為周宣王養鬭雞。十日而問。雞可鬭已乎。曰未也。方虛驕而恃氣。十日又問。曰未也。猶應影響。十日又問。曰未也。猶疾視而盛氣。十日又問。曰幾矣。雞雖有鳴者。已無變矣。望之似木雞矣。其德全矣。異雞無敢應者。反走耳。聞響而應。見影而動。則是此心猶為外物所動也。疾視而盛氣。言其神氣已旺。疾視而不動也。初言虛驕而恃氣。則其氣猶在外。此言疾視而盛氣。則氣在内矣。疾字有怒之意。即直視也。却與匹夫按劍疾視不同。望之似木雞。則神氣渾全矣。此言

守氣之孚。借雞以爲喻𠟱耳。達生

惠盎見宋康王。康王蹀足謦欬疾言曰。寡人之所說者勇有力也。不說爲仁義者也。客將何以教寡人。惠盎對曰。臣有道於此。使人雖有勇刺之不入。雖有力擊之弗中。大王獨無意邪。宋王曰。善。此寡人之所欲聞也。惠盎曰。夫刺之不入。擊之不中。此猶辱也。臣有道於此。使人雖有勇弗敢刺。雖有力弗敢擊。夫弗敢。非無其志也。臣有道於此。使人本無其志也。夫無其志者。未有愛利之心也。臣有道於此。使天下丈夫女子莫不驩然皆欲愛利之此其賢於勇有力也四累之上也大王獨無意邪宋王曰此寡人之所欲得也惠盎對曰孔墨是已孔丘墨翟無地而爲君無官而爲長天下丈夫女子莫不延頸舉踵而願安利之今大王萬乘之主也誠有其志則四境之内皆得其利矣其賢於孔墨也遠矣宋王無以應惠盎趨而出宋王謂左右曰辯矣客之以說服寡人也此段與莊子說劍篇略相似。刺之不入擊之不中是争而有時乎不勝也。弗敢刺弗敢擊猶有內於覤我也此二等矣本無其志則於我初無爭心又是一等雖然皆欲愛利於我則是以善養人者服天下累三等而至於此爲最上之道故曰四累之上也此吾聖人之事而以孔與墨並言此春秋以後學者之論蹀足頓足也謦欬高聲也疾言言之急也皆形容其怒之狀也辯矣者數其能言也意謂此客有大辯才故能以說服我

周穆王第三

周穆王時西極之國有化人來入水火貫金石反山川移城邑乘虛不墜觸實不硋千變萬化不可窮極既已變物之形又且易人之慮穆王敬之若神事之若君推路寢以居之引三牲以

進之。選女樂以娛之。化人以爲王之宮室卑陋而不可處。王之廚饌腥螻而不可饗。王之嬪御膻惡而不可親。穆王乃爲之改築。土木之功。赭堊之色。無遺巧焉。五府爲虛。而臺始成。其高千仞。臨終南之上。號曰中天之臺。簡鄭衛之處子。娥媌靡曼者。施芳澤。正娥眉。設笄珥。衣阿錫。曳齊紈。粉白黛黑。珮玉環。雜芷若以滿之。奏承雲六瑩九韶晨露以樂之。月月獻玉衣。旦旦薦玉食。化人猶不舍然。不得已而臨之。居亡幾何。謁王同遊。王執化人之祛。騰而上者中天迺止。暨及化人之宮。化人之宮構以金銀。絡以珠玉。出雲雨之上而不知下之據。望之若屯雲焉。耳目所觀聽。鼻口所納嘗。皆非人間之有。王實以爲清都紫微。鈞天廣樂。帝之所居。王俯而視之。其宮榭若累塊積蘇焉。王自以居數十年。不思其國也。化人復謁王同遊。所及之處。仰不見日月。俯不見河海。光影所照。王目眩不能得視。音響所來。王耳亂不能得聽。百骸六藏。悸而不凝。意迷精喪請化人求還化人移之王若磒虛焉既寤所坐猶嚮者之處侍御猶嚮者之人視其前則酒未清肴未昲（方微反）王問所從來左右曰王默存耳由此穆王自失者三月而復更問化人化人曰吾與王神游也形奚動哉且曩之所居奚異王之宮曩之所游奚異王之圃王閒恒疑蹔亡變化之極疾徐之間可盡模哉（化人有幻術者也入水火以下是變物之形與穆王游帝居是易人之慮腥螻皆臭氣也娥媌姿媚也曼靡窈窕也阿錫細織也齊紈齊整之絲紈也芷芳草也若杜若也承雲黃帝樂名也六瑩帝嚳樂名晨露

湯樂名。玉衣玉食。言其珍美也。舍音釋。不釋然
不樂也。不知下之據。言不見其基址也。望之若
屯雲。言多也。清都紫微天大宮也。鈞天廣樂天大樂
也。累塊累土也。積蘇積草也。言自上而下視其
宮室微且小也。光影眩其目。音響亂其耳。恐悸
而不凝定。精神若喪失然。殞虛於虛無之間。墜
而下也。酒以濃爲美。停久則稀清矣。肴未昲未
敗也。默存者坐想也。此言須臾之頃耳。業法善
與明皇遊玉橋。亦是此類。神遊而形不動。此幻
術者之事也。間於恒見者。而疑其暫覩者。適之
神游暫覩也。今忘矣。今之所見者常也。間異也。以
其異於尋常所見而疑之也。以其常疑其暫。皆
非眞也。變化之有久近。豈可盡得而形狀
哉。徐疾久近也。模形模也。暫覩亡與忘同 王大

悅。不恤國事。不樂臣妾。肆意遠遊。命駕八駿之
乘。右服騧音華騮。而左綠耳。右驂赤驥。而左白𣹸。

音義

主車則造父爲御商音齊冏音合爲右次車之乘

右服渠黃而左踰輪左驂盜驪而右山子柏夭

主車參百爲御奔戎爲右馳驅千里至于巨蒐

氏之國巨蒐氏乃獻白鵠之血以飲王具牛馬

之湩以洗王之足及二乘之人已飲而行遂宿

于崑崙之阿赤水之陽別日升崑崙之丘以觀

黃帝之宮而封之以詒後世遂賓于西王母觴

于瑤池之上西王母爲王謠王和之其辭哀焉

廼觀日之所入一日行萬里王乃歎曰於乎予

一人不盈于德而諧於樂後世其追數吾過乎

穆王幾神人哉能窮當身之樂猶百年乃徂世

以爲登假焉

此事詳見於穆天子傳韓退之作徐偃王廟碑亦引用之左氏有式如金式如玉之詩亦是此事華騮即驊騮也白漆竊岡渠黃踰輪盜驪山子栢天皆馬名也栁子厚所辯八駿圖其形又怪異此亦未知其孰是孰非孰實也巨蒐氏之國亦崑崙赤水之類以鵠血爲飲以牛馬之乳濯足今北虜以馬乳爲酒亦是此類二乘乃王之二車也別日又一日也封猶封禪也賓見也觴宴之以酒也王母所謠白雲詩也日之所入弇山也不盈于德言其行有慊也諧者足也德有慊而其樂自足恐後世追數以爲吾過祁招所謂形民之力而無醉飽之心亦此意也以此樂其終身至百年而後徂世以爲登假言世人以爲死其實不死也

此章之意蓋言世外空闊猶有無窮之樂雖帝王之居未足羨也人但以耳目所見而有歆羨富貴之心不知天人視之其爲富貴者甚微爾

老成子學幻於尹文先生三年不告老成子請其過而求退尹文先生揖而進之於室屏左右而與之言曰昔老聃之徂西也顧而告予曰有生之氣有形之狀盡幻也造化之所始陰陽之所變者謂之生謂之死窮數達變因形移易者謂之化謂之幻造物者其巧妙其功深固難窮難終因形者其巧顯其功淺故隨起隨滅知幻化之不異生死也始可

與學幻矣。吾與汝亦幻也。奚須學哉。此章之意，蓋謂人世變幻之術，與造物死生變化之理，其技一耳。

老成子歸，用尹文先生之言，深思三月，遂能存亡自在，憣校四時，冬起雷，夏造冰，飛者走，走者飛。終身不著其術，故世莫傳焉。老成子雖不得其術，但深思而自悟，亦能從容變化於有無之間，故曰存亡自在。憣校者，翻覆撿校也。變幻之意也。憣校四時者，變易陰陽之節也。冬起雷，變陰為陽也。夏造冰，變陽為陰也。飛陽類，走陰類，故飛者輕，走者重。今能變易其陰陽，所以飛者走，走者飛也。其術無所著見，故世莫得傳焉。

子列子曰：善為化者，其道密庸，其功同人。五帝之德，三王之功，未必盡智勇之力或由化而成孰測之哉密庸者默而用之人不得見也其道雖不可見而其功用實與人同五帝三王之所以化亦猶老成子尹文之所以幻也言其不身知之神也

覺有八徵夢有六候奚謂八徵一曰故二曰爲三曰得四曰喪五曰哀六曰樂七曰生八曰死此者八徵形所接也周禮之有六夢此亦言六夢却先以覺之八徵言之故者事也言人間百事也爲者日間所作用也得喪哀樂生死有形者之所同故曰形所接也接接應也感應之應也

奚謂六候一曰正夢二曰噩夢三曰思夢四曰寤夢五曰喜夢六曰懼夢此六者神所交也六候之夢與周禮同人心之中虛靈知覺事有兆眹見於夢者正也正夢

先兆之夢也蘁者夢中驚蘁而覺者也思者因所思而成夢也寤者夢時見覺時事也喜者因有所喜而夢也懼者因有所畏懼而夢也懼與蘁不同周禮注中却無分別此皆在我之神爲之故曰神所交也交者交於外境界也

不識感變之所起者事至則惑其所由然識感變之所起者事至則知其所由然知其所由然則無所怛一體之盈虛消息皆通於天地應於物類

物我之所感自有變幻故曰感變事者八徵是也所由然者言皆由心而生也人惟不知感變之由皆曰一心而始故有所疑惑有所驚怛知則不惑則無怛矣盈虛消息皆是一理故曰一體我之盈虛消息天地亦然萬物亦然故曰通於天地應於物類語曰四十而不惑亦此境界

故陰氣壯則夢涉大

水而恐懼。陽氣壯則夢涉大火而燔焫。陰陽俱壯。則夢生殺。此三句醫書中。亦有此類之語。以此而言。可見夢自吾心而出。燔火盛貌也。生陽也。殺陰也甚飽則夢與。甚飢則夢取。與予人人取取諸人也。此是意有所欲而夢也。如渴之夢飲然是以以浮虛為疾者。則夢揚。以沈實為疾者。則夢溺。此心病也藉帶而寢則夢蛇。飛鳥銜髮則夢飛。帶與飛鳥覺時所見也夢中又變將陰夢火。將疾夢食。覷暗則思明故將陰而夢火也胃氣不足故將疾而夢食皆自此心生也飲酒者憂。歌儛者哭。夢飲酒者或生憂撼之事夢歌儛者或有哭泣之事夢覺常相反也占夢書中多有此類子列子曰。神遇為夢。形接爲事。故晝想夜夢。神形所遇。故神凝者想夢自消。信覺不語。信夢不達。物化之往來者也。古之眞人。其覺自忘。其寢不夢。幾虛語哉。

晝有所見形遇也。夜有所夢神遇也。凝定也。神定則無想。無想則無夢也。若髙宗夢說。孔子夢周公。則非想夢也。信眞也。眞覺者不語。默而静也。眞夢者不達。不違於理。則以夢爲眞也。物化之往來。即夢覺是也。人惟不知此理。故以古之眞人覺自忘寢不夢爲虛語。豈知眞人之事哉。其覺也如忘。無所著於世也。心無所著。則虛則一。則其寢安得有夢。釋氏所謂夢覺一如。此語極好。大慧答書中有說髙宗夢得說。孔子夢周公。佛夢金鼓一篇。其講明夢覺一如處甚好。

西極之南隅有國焉。不知境界之所接。名古莽之國。陰陽之氣所不交故寒暑亡辨日月之光所不照故晝夜亡辨其民不食不衣而多眠五旬一覺以夢中所爲者實覺之所見者妄古莽之國亦寓名爾無陰陽無日月其民不衣不食而多眠其眠五旬而一覺故以夢者爲實而覺者爲妄此亦閒於常而疑蹔亡之意蓋言人若常夢則覺之蹔者反爲妄妄矣四海之齊謂中央之國踦河南北越岱東西萬有餘里其陰陽之審度故一寒一暑昏明之分察故一晝一夜其民有智有愚萬物滋殖才藝多方有君臣相臨禮法相持其所云爲不可稱計一覺一寐以爲覺

之所爲者實夢之所見者妄齊中也中國亦曰齊州此段言中國人又以覺爲實以夢爲妄審度謂度數審的也分察謂察別分明也東極之北隅有國曰阜落之國其土氣常燠日月餘光之照其土不生嘉苗其民食草根木實不知火食性剛悍彊弱相藉貴勝而不尚義多馳步少休息常覺而不眠阜落之國亦寓言也日月之餘光更互而照之故其國不瞑唐志所言熟羊脾而日又出者此間恐亦有此等國土未可知也日月常照故其人常覺而不眠蓋謂中國之人但以晝覺夜夢爲眞爲妄而不知六合之間又有如此國土不可但以耳目之所接者爲是也凡此皆欲廣世俗狹小之見而已周之尹氏大治產其下

趣役者侵晨昏而弗息有老役夫筋力竭矣而使之彌勤晝則呻呼而即事夜則昏憊而熟寐精神荒散昔昔夢為國君居人民之上總一國之事游燕宮觀恣意所欲其樂無比覺則復役人有慰喻其勤者役夫曰人生百年晝夜各分吾晝為僕虜苦則苦矣夜為人君其樂無比何所怨哉尹氏心營世事慮鍾家業心形俱疲夜亦昏憊而寐昔昔夢為人僕趨走作役無不為也數罵杖撻無不至也眠中啽囈呻呼徹旦息

焉尹氏病之以訪其友友曰若位足榮身資財有餘勝人遠矣夜夢爲僕苦逸之復數之常也若欲覺夢兼之豈可得邪尹氏聞其友言寛其役夫之程减己思慮之事疾並少間昔者夕也言夜則夢爲國君也鍾聚也聚其思慮以營家業也吟呼囈寐語也並者皆也間者安也言寛其役夫工程自减其己思慮一人之病遂皆少間此段以夢覺形容苦樂之事其言甚有味鄭人有薪於野者遇駭鹿御而擊之斃之恐人見之也遽而藏諸隍中覆之以蕉不勝其喜俄而遺其所藏之處遂以爲夢焉順塗而詠其事傍人有

聞者用其言而取之既歸告其室人曰向薪者夢得鹿而不知其處吾今得之彼直真夢者矣室人曰若將是夢見薪者之得鹿邪詎有薪者邪今真得鹿是若之夢真邪夫曰吾據得鹿何用知彼夢我夢邪薪者之歸不厭失鹿其夜真夢藏之之處又夢得之之主爽旦案所夢而尋得之遂訟而爭之歸之士師士師曰若初真得鹿妄謂之夢真夢得鹿妄謂之實彼真取若鹿而與若爭鹿室人又謂夢仞人鹿無人得鹿今

據有此鹿請二分之以聞鄭君鄭君曰嘻士師
將復夢分人鹿乎訪之國相國相曰夢與不夢
臣所不能辨也欲辨覺夢唯黃帝孔丘今亡黃
帝孔丘孰辨之哉且恂士師之言可也駭鹿驚而走者
御音迓迓迎也遽而藏之隍中汲汲藏之恐人見
也蕉草也順途㳂途也詎有薪者言豈有薪者
之夢只是汝自夢見薪者言之爾汝今之夢乃
為真夢矣不厭不甘也爽旦天明也伊與認同
夢認人鹿無人得鹿言汝以為初無薪者無得
鹿之人但為夢也士師復要分人鹿者言未能
別白其真妄亦如夢而已國相乃曰惟黃帝孔
子知辨之謂非知道者不能定真妄也恂與徇
同且從士師之言為之中分也此段亦是
以夢覺言真妄之不可定爾其說自有味宋陽

里華子中年病忘朝取而夕忘夕與而朝忘在塗則忘行在室則忘坐今不識先後不識今闔室毒之謁史而卜之弗占謁巫而禱之弗禁謁醫而攻之弗已魯有儒生自媒能治之華子之妻子以居產之半請其方儒生曰此固非卦兆之所占非祈請之所禱非藥石之所攻吾試化其心變其慮庶幾有瘳乎於是試露之而求衣饑之而求食幽之而求明儒生欣然告其子曰疾可已也然吾之方密傳世不以告人試屏左

右獨與居室七日從之莫知其所施爲也而積年之疾一朝都除華子既悟迺大怒黜妻罰子操戈逐儒生宋人執而問其以華子曰曩吾忘也蕩蕩然不知天地之有無今頓識既往數十年來存亡得失哀樂好惡擾擾萬緒起矣吾恐將來之存亡得失哀樂好惡之亂吾心如此也須臾之忘可復得乎子貢聞而怪之以告孔子孔子曰此非汝所及乎顧謂顏回記之毒之苦之也卜巫醫三者之事今人亦有之以見古今人情不相遠也弗占不入卦兆也弗禁以爲祟而弗能

禁止也。攻之弗已，不可治也。自媒自薦以爲能治此疾也。化其心，變其慮者，謂此心病非它方法所可療也。求衣求食求明，是求其心猶有知覺也。獨與之居而不令人見，故不知其所以治之者，何施爲也。既悟而怒，以世事感觸，能累其心，不若不知而忘之也。蓋以世人憂樂得失存亡好惡能乱其心，非有道者樂而忘之，則不如病忘之爲愈也。末後却不肯說盡，但云非汝所及此，又是一機軸。

秦人逢氏有子，少而惠，及壯而有迷罔之疾。聞歌以爲哭，視白以爲黑，饗香以爲朽，嘗甘以爲苦，行非以爲是。意之所之，天地四方水火寒暑，無不倒錯者焉。楊氏告其父曰：魯之君子多術藝，將能已乎？汝奚不訪焉？其父之魯過陳遇老聃因告其子之證老聃曰汝庸知汝子之迷乎今天下之人皆惑於是非昏於利害同疾者多固莫有覺者且一身之迷不足傾一家一家之迷不足傾一鄉一鄉之迷不足傾一國一國之迷不足傾天下天下盡迷孰傾之哉向使天下之人其心盡如汝子汝則反迷矣哀樂聲色臭味是非孰能正之且吾之言未必非迷況魯之君子迷之郵者焉能解人之迷哉榮汝之糧不若遄歸也此以迷疾之說又翻前段病忘之意傾動也一家之

人不因一人之迷而傾其家一鄉之人不以一
家之迷而傾其鄉蓋言迷者少而不迷者尤多
則不得而惑之也若天下皆迷見不迷者反爲
疾矣其意蓋謂今世之人皆迷於利欲而不知
道反以有道者爲迷也鄭與尤同迷之鄭者
言迷之甚也粲棄也費也言莫枉汝資粮也燕
人生於燕長於楚及老而還本國過晉國同行
者誑之指城曰此燕國之城其人愀然變容指
社曰此若里之社乃喟然而嘆指舍曰此若先
人之廬乃涓然而泣指壠曰此若先人之冢其
人哭不自禁同行者啞然大笑曰予昔紿若此
晉國耳其人大慙及至燕眞見燕國之城社眞

見先人之廬冢悲心更微此段蓋言人心無眞見則或以妄者爲是而眞者爲非也微無也悲心更微言反不悲也隱此一篇語極到必列子之本書

仲尼第四

仲尼閒居子貢入侍而有憂色子貢不敢問出告顏回顏回援琴而歌孔子聞之果召回入問曰若奚獨樂回曰夫子奚獨憂孔子曰先言爾志曰吾昔聞之夫子曰樂天知命故不憂回所以樂也孔子愀然有閒曰有是言哉汝之意失矣此吾昔日之言爾請以今言爲正也汝徒知

樂天知命之無憂未知樂天知命有憂之大也今告若其實脩一身任窮達知去來之非我亡變亂於心慮爾之所謂樂天知命之無憂也曩吾脩詩書正禮樂將以治天下遺來世非但脩一身治魯國而已而魯之君臣日失其序仁義益衰情性益薄此道不行一國與當年其如天下與來世矣此道且不行於一國與不得行於當時其如天下來世何吾始知詩書禮樂無救於治亂而未知所以革之之方此樂天知命者之所憂雖然吾得之矣夫樂

而知者非古人之所謂樂知也無樂無知是眞
樂眞知故無所不樂無所不知無所不憂無所
不爲詩書禮樂何棄之有革之何爲樂而知其樂則有心
矣樂而無容心者爲眞樂顔回北面拜手曰回亦得之矣出
告子貢子貢茫然自失歸家淫思七日不寢不
食以至骨立顔回重往喻之乃反丘門弦歌誦
書終日不輟此章之意三轉首言樂天知命則無憂次言樂天知命者亦有時而
憂末又言知憂樂者不如不知其意蓋以有憂
有樂不如併憂樂無之知憂樂之爲憂樂不若
併憂樂不知之其大旨不過如此却寓言以抑
揚之其筆法去莊子遠甚恐非列子之本書淫

也者浸淫也。酷意以思之也。陳大夫聘魯，私見叔孫氏。叔孫氏曰：「吾國有聖人。」曰：「非孔丘邪？」曰：「是也。」「何以知其聖乎？」叔孫氏曰：「吾嘗聞之顏回曰：孔丘能廢心而用形。」陳大夫曰：「吾國亦有聖人，子弗知乎？」曰：「聖人孰謂？」曰：「老聃之弟子有亢倉子者，得聃之道，能以耳視而目聽。」魯侯聞之大驚，使上卿厚禮而致之。亢倉子應聘而至。廢心用形，言無心而忘其形，雖動用不知其爲動用也。能以耳視目聽，六用一源之說也。釋氏以音爲觀音。杲佛日學東坡維摩贊作觀音贊一首，正是此意。其辭曰：世間種種音聲相衆，以耳聽非目觀。唯此大士眼能觀。

於眼境界無所取耳鼻舌身意亦然善哉以洞
十方空六根互顯如是義見語錄普說第十五
段自解說得甚明魯侯卑辭請問之亢倉子曰傳之者
妄我能視聽不用耳目不能易耳目之用魯侯
曰此增異矣其道奈何寡人終願聞之視聽不用耳目
即莊子所謂官知止而神欲行之意也聽之以
氣聽之以心心亦是此意雖不用耳目以視聽而
耳目之用常與人同故曰不能易耳
目之用增異者言如此則又甚異也亢倉子曰
我體合於心心合於氣氣合於神神合於無其
有介然之有唯然之音雖遠在八荒之外近在
眉睫之內來干我者我必知之乃不知是我七

孔四支之所覺心腹六藏之所知其自知而已矣曰體曰心曰氣曰神皆歸於無此乃無心之用也介然之有言一介可見之微也唯然之音言一唯可聽之微也此八字下得亦好物來于我我則知之即是寂然不動感而遂通也即是物來能名事至能應也七孔四支心腹六藏所覺所知我皆不知即是體合於心心合於氣氣合於神神合於無也其自知而已矣者言我雖自知而有不容言者也魯侯大悅

他日以告仲尼仲尼笑而不答笑而不答即是前篇所謂夫子能之而能不爲者也此言則謂夫子雖知此道而不以語人故笑而不答也商太宰見孔子曰丘聖者歟孔子曰聖則丘何敢然則丘博學多識者也商太宰曰三王聖者歟孔子

曰三王善任智勇者聖則丘弗知曰五帝聖者歟孔子曰五帝善任仁義者聖則丘弗知曰三皇聖者歟孔子曰三皇善任因時者聖則丘弗知商太宰大駭曰然則孰者爲聖孔子動容有間曰西方之人有聖者焉不治而不亂不言而自信不化而自行蕩蕩乎民無能名焉丘疑其爲聖弗知真爲聖歟真不聖歟商太宰默然心計曰孔丘欺我哉此章欲當時已有佛之學托夫子之名而尊之也西方之人出於三皇五帝之上非佛而何然則佛之書入於中國雖在漢明帝之時而其説已傳於天

下夕矣。不治而不亂者。言其用世無治亂之迹也。不言而信。不化而行。以誠感人也。弗知眞爲聖。眞不聖。是有推尊之意。而爲此不定之辭。必當時有此說。而未甚行。故不肯指定言之也。默然心計曰。欺我哉。形容其驚疑怪訝之意也。善任智勇。能用智勇以治世也。善任因時者。能用順時之道也。孰者爲聖。何者爲聖人也。

子夏問孔子曰。顏回之爲人奚若。子曰。回之仁賢於丘也。曰。子貢之爲人奚若。子曰。賜之辯賢於丘也。曰。子路之爲人奚若。子曰。由之勇賢於丘也。曰。子張之爲人奚若。子曰。師之莊賢於丘也。子夏避席而問曰。然則四子者。何爲事夫子。曰。居。吾語汝。夫回能仁而不能反賜能辯而不能訥由能勇而不能怯師能莊而不能同兼四子之有以易吾吾弗許也此其所以事吾而不貳也能仁而不能反反變也言其知仁未知變通之權也此仁字與誠字一般莊列之字義不可與吾書比莊矜也同和光同塵也以四子之有我兼有之在我則能易在彼則不能易看他如此說易字便與時字相似盖謂聖人得其全時乎而辨時乎而莊時乎而仁時乎而勇四子者各有其偏爾吾弗許者言彼學此變易時中之道而未能得吾未許可之也子列子既師壼丘子林友伯昏瞀人乃居南郭從之處者日數而不及雖然子列子亦微焉朝朝相與辯無不聞日數而不及者言日日數

之而不盡也。謂來學者之衆也。亦微焉。言其應酬之力微矣。凡其朝朝相與辯之言傳說於天下。人無不聞之。而與南郭子連牆二十年不相謁請。相遇於道目若不相見者。門之徒役以爲子列子與南郭子有敵不疑。有自楚來者問子列子曰。先生與南郭子奚敵。子列子曰。南郭子貌充心虛。耳無聞。目無見。口無言。心無知。形無惕。往將奚爲。不相謁請。不通刺而相見也。敵。爭也。不疑。斷然也。人皆以爲二人斷然有爭於亾所以不相見也。貌充者。見面盎背也。無聞無見無言無知。言其雖聞而不聞。雖見而不見。雖言而不言。雖知而不知也。形無惕者。言德全而無所怵惕於外也。往將奚爲。謂欲往見之而何所言乎雖然試與汝偕往閱弟子四十人同行見南郭子果若欺魄焉而不可與接顧視子列子形神不相偶而不可與同群南郭子俄而指子列子之弟子末行者與言衎衎然若專直而在雄者子列子之徒駭之反舍咸有疑色閱弟子者選擇而行也欺魄者塊然其形似魄而非魄也欺者疑也以彼之欺魄視列子之形神不相偶非南郭子之比故曰不可與群形神不相偶者言形神相離而未爲一也指末行者與言言擇其最下者而與之語是以列子爲不足與語也衎衎然和也專直一也在雄獨尊也狀其旁若無人之意也反舍而有疑者疑南郭子之薄列子也子列子曰得意者無言進

知者亦無言。用無言為言。亦言無知為知。亦知。無言與不言。無知與不知。亦言亦知。亦無所不言。亦無所不知。亦無所言。亦無所知。如斯而已。汝奚妄駭哉。

得意者。造道而有得也。進知者。造道而有知見也。此下却分三轉。無言忘言也。以無言為言。以無知為知。亦言亦知者。謂其雖忘言而無字猶在也。此是一節。無言與不言。無知與不知。亦言亦知者。又將無與不字作分別也。不者是知與言猶在也。無者是無字猶在也。亦者未盡之意也。此是一節。及至於無所不言。無所不知。而亦無所言。無所知。方為造道之妙。又是一節。此即從心不踰矩之說。但說得鼓舞爾爾。今禪家正用此機關。兼此段文字。亦與傳燈録辨義處語句同。汝奚妄駭者。言此乃至人之事。汝何妄以為驚駭。其意蓋謂汝惟未知至人之事所以有此驚駭我於至人何可及耶子列子學也三年之後心不敢念是非口不敢言利害始得老商一眄而已五年之後心更念是非口更言利害老商始一解顏而笑七年之後從心之所念更無是非從口之所言更無利害夫子始一引吾並席而坐九年之後橫心之所念橫口之所言亦不知我之是非利害歟亦不知彼之是非利害歟外內進矣而後眼如耳耳如鼻鼻如口口無不同心凝形釋骨肉都融不覺形之所倚足之

所履心之所念言之所藏如斯而已則理無所隱矣此章序列子爲學之始已見前篇心凝定也形釋忘其形也骨肉皆融化不知有其身也形所倚而立足所履而行心所念口所言皆不自覺知矣藏蓄也言之所出理皆藏蓄其中也如斯而已但如此無所覺知而止也理無所隱則至理即此可見也初子列子好游壺丘子曰御寇好游游何所好列子曰游之樂所玩無故人之游也觀其所見我之游也觀其所變游乎游乎未有能辨其游者壺丘子曰御寇之游固與人同歟而曰固與人異歟凡所見亦恒見其變玩彼物之無故不知我亦無

故務外游。不知務内觀。外游者求備於物。内觀者取足於身。取足於身游之至也。求備於物。游之不至也。於是列子終身不出。自以爲不知游。壺丘子曰。游其至乎。至游者不知所適。至觀者不知所眡。物物皆游矣。物物皆觀矣。是我之所謂游。是我之所謂觀也。故曰游其至矣乎。游其至矣乎游者游觀天地之間也。無故者日新也。人但以其所見者爲游觀之樂。我以造化之變不常者。爲游觀之樂。故人未有能辨知之者也。故曰未有能辨其游者。壺丘子非之。乃曰游與人同。而曰固與人異。言汝之游如此。亦未有異於人也。汝之所見亦常爾。何以謂見其變乎故曰九所見亦恒見其變言其妄謂見其變也物之無故曰夜相代于前但見其新而無故也我之爲我者亦然以彼之日新爲玩而不知我亦隨化而往日異一日則觀常觀變皆外游也求備於物者但以外物爲觀盡也取足於吾身而無所觀於外乃爲至游終身不至者知其學未至也不知所適者言其無適也不知所眡者言其至無見也無適無見則無物無我無非游矣無非觀矣我之所謂游觀者如此故曰物物皆游物物皆觀故曰是我之所謂游是我之所謂觀再言至矣乎者申言以讚美之也

龍叔謂文摯曰子之術微矣吾有疾子能已乎文摯曰唯命所聽然先言子所病之證龍叔曰吾鄉譽不以爲榮國毀不以爲辱得而不喜失而弗憂視生如死視富如

貧。視人如豕。視吾如人。處吾之家。如逆旅之舍。觀吾之鄉。如戎蠻之國。凡此衆疾。爵賞不能勸。刑罰不能威。盛衰利害不能易。哀樂不能移。固不可事國君。交親友。御妻子。制僕隸。此奚疾哉。奚方能已之乎。文摯乃命龍叔背明而立。文摯自後向明而望之。既而曰。嘻。吾見子之心矣。方寸之地虛矣。幾聖人也。子心六孔流通。一孔不達。今以聖智爲疾者。或由此乎。非吾淺術所能已也。榮辱得失。死生貧富。視之如一。皆忘世之事。人如豕者。無貴賤之分也。吾如人者。無彼我之異也。家如逆旅，親猶踈也。鄉如蠻戎，遠猶近也。此皆心無係累也。不可以事君交友待妻子制奴僕者。無心於應世也。此皆至人之事而以爲病者。如今禪家罵說也。皆明而立可見其心扁鵲開墻見五臟，亦有此事。但此章乃喻言爾。末後一轉，却如此結斷者，言聖智在我苟未能自忘，亦謂之病，故如此翻騰其說。釋氏曰：執藥治病，藥亦爲病。近於此意。無所由而常生者，道也。由生而生，故雖終而不亡，常也。由生而亡，不幸也。有所由而常死者，亦道也。由死而死，故雖未然而自亡者，亦常。由死而生，幸也。故無用而生謂之道，用道得終謂之常。有所用而死者，亦謂之道。用道而得死者，亦謂之常。

無所由而常生者謂無所從來而不知生之所
以生泯其知識者道也由生而生則知其所以
生而生者雖此身有終而終者未嘗亡此常人
之見也知有生則有亡此因生而達無生之理
者故曰不幸言此知此覺反爲累也由無生之
理而知其所以生則雖生而常若無生者此亦
道也亦者近道之意也由無生而知常死其身
雖未知而自若無生者此亦常人之見也然因
無生終理而知其所以生則幸矣無用而生無
容心之生也此謂之道因此道而知所以終之
理此於之常有所用而死此有字誤也合是無
字無謂用而死言無容心於死而循其自然者
亦謂所道因見道而得所以死之理者此謂之
常此之盡謂知道者乃是常人未足爲高知以
不知意者乃謂之道也莊列之論大抵皆如此
翻騰其説釋氏斷常之論亦必源流於此季

梁之死楊朱望其門而歌隨梧之死楊朱撫其

尸而哭隸人之生隸人之死衆人且歌衆人且哭目將眇者先睹秋豪耳將聾者先聞蚋飛口將爽者先辨淄澠鼻將窒者先覺焦朽體將僵者先亟犇佚心將迷者先識是非故物不至者則不反隸人衆人也季梁隨梧皆衆人也楊朱一歌而一哭則楊朱亦衆人也其意蓋謂無所用於生而死其理本一而歌哭異焉是未知其道也物不至至者極也物極則反自目眇已上數句猶燈將滅者必大畧皆極則必反之理也鄭之圃澤多賢東里多才圃澤之役有伯豐子者行過東里遇鄧析鄧析顧其徒而笑曰爲若舞彼來者奚若其

徒曰。所願知也。鄧析謂伯豐子曰。汝知養養之
義乎。受人養而不能自養者。犬豕之類也。養物
而物為我用者。人之力也。使汝之徒食而飽。衣
而息。執政之功也。長幼羣聚。而為牢藉庖廚之
物。奚異犬豕之類乎。伯豐子不應。伯豐子之從
者越次而進曰。大夫不聞齊魯之多機乎。有善
治土木者。有善治金革者。有善治聲樂者。有善
治書數者。有善治軍旅者。有善治宗廟者。羣才
備也。而無相位者。無能相使者。而位之者無知。

使之者無能而知之與能爲之使焉執政者乃吾之所使子奚矜焉鄧析無以應目其徒而退鄧析辯者也伯豐子賢者也鄧析望豐子之來欲戲舞之若汝也其徒者鄧析之弟子也彼來者伯豐子也養養之義猶孟子所謂役人役於人者也大家則受養養於人養大家而爲我用者人也意謂伯豐之徒食祿於鄭受執政之養而爲執政所用也多機多技巧也相位相位致也相使者相役使也其技旣同各能所能不能相位致相役使而其所以使之位之者皆無技藝之人是有知有能者乃爲無知無能者所用也執政有才之人也伯豐子以道自晦者也言我以道自晦雖若無能無知而鄭國之執政見用於時者乃爲役於我者也彼又何能養我乎奚矜者何以此矜誇而舞我也公儀伯以力聞諸侯堂谿公言

之於周宣王王備禮以聘之公儀伯至觀形懦
夫也宣王心惑而疑曰女之力何如公儀伯曰
臣之力能折春螽之股堪秋蟬之翼王作色曰
吾之力者能裂犀兕之革曳九牛之尾猶憾以
弱女折春螽之股堪秋蟬之翼而力聞天下何
也公儀伯長息退席曰善哉王之問也臣敢以
實對臣之師有商丘子者力無敵於天下而六
親不知以未嘗用其力故也臣以死事之乃告
臣曰人欲見其所不見視人所不窺欲得其所

不得脩人所不爲故學視者先見輿新學聽者先聞撞鍾夫有易於內者無難於外於外無難故名不出於一家今臣之名聞於諸侯是臣違師之教顯臣之能者也然則臣之名不以負其力者也以能用其力者也不猶愈於負其力者乎

甚任也言能舉秋蟬之翼也此是戲言以激王問也商丘子之力天下無敵而至親之間不知其勇是能自晦也見所不見視所不窺得所不得脩所不爲此皆不知之知無爲之爲之意學視自輿薪而始學聽自聞鍾而始此見聞之粗者也必至於見所不見聞所不聞而後爲妙也有易於內是不聞不見者也易者事在[illegible]而求諸難之易也能見其所不見聞[illegible]

我求諸內既易於此則於外之見聞無難矣既於外也無難則雖見聞亦不用人何由知之故其名不出於一家言雖鄰人亦不知也今我不能不用其力故以有力聞於天下雖勝於自矜負者而不能自晦至以名顯是違師之教而失其道也然臣之用力不能自晦亦猶勝於矜負其力者矣蓋以此諷王之好勇也然此書之意主於有若無實若虛犯而不校故設爲此喻爾良息長太息也

中山公子牟者魏國之賢公子也好與賢人游不恤國事而悅趙人公孫龍樂正子輿之徒笑之公子牟曰子何笑牟之悅公孫龍也子輿曰公孫龍之爲人也行無師學無友佞給而不中漫衍而無家好怪而妄言欲惑人之心

辯人之口。與韓檀等肄之。無師無友言其獨學也。佞給口才也。不中不中理也。漫衍泛濫也。無家言不主一家之學也。韓檀公孫龍之徒也。以其說與其徒自相講肄。欲以辯惑時人。而非正理也。公子牟變容曰。何子狀公孫龍之過歟。請聞其實。子輿曰。吾笑龍之詒孔穿。言善射者。能令後鏃中前括。發發相及。矢矢相屬。前矢造準而無絕落。後矢之括猶銜弦。視之若一焉。括箭之本受弦處也。以後鏃中前括。發發相及不一發也。矢矢相屬不一矢也。前發之矢皆中準則無墜落者。後發之矢又中其括猶銜弦然。矢矢皆相屬視之如一。後前也。造至也。準的也。造準言合法也。前後發矢之次第也。猶銜弦者。括之受鏃如受弦也。孔穿駭。

之龍曰此未其妙者逢蒙之弟子曰鴻超怒其
妻而怖之引烏號之弓綦衛之箭射其目矢來
注眸子而眶不睫矢隧地而塵不揚是豈智者
之言與公子牟曰智者之言固非愚者之所曉
後鏃中前括鈞後於前矢注眸子而眶不睫盡
矢之勢也子何疑焉烏號黃帝之弓有名者綦衛必亦箭之有名者眶不
睫者言不瞬也矢隧地而塵不揚言其落之輕也鈞後於前者言前後之矢力不輕重也盡矢
之勢者言矢至於近眸而盡乃落於地是其射時約矢之勢至此而盡準則之精也樂正
子輿曰子龍之徒焉得不飾其闕吾又言其尤

者龍誑魏王曰有意不心有指不至有物不盡有影不移髮引千鈞白馬非馬孤犢未嘗有母其負類反倫不可勝言也公子牟曰子不諭至言而以爲尤也尤其在子矣夫無意則心同無指則皆至盡物者常有影不移者說在改也髮引千鈞勢至等也白馬非馬形名離也孤犢未嘗有母非孤犢也樂正子輿曰子以公孫龍之鳴皆條也設令發於餘竅子亦將承之公子牟默然良久告退曰請待餘日更謁子論子龍之徒謂牟

乃爲龍之徒弟。安得不殆。爲文飾其踈缺乎。闕踈脫也。又言其尤者更取其已甚者言之。故子牟必知其妄也。○意生於心。今曰有意不心者心意有異名也。牟曰無意則心同者。謂曰意則不得爲心。曰心則不得爲意。若曰無意則心亦同無。若曰有意。則心亦同有。是意不爲心也。○指一物而視之。則其所不指者尚多。故曰有指不至。苟無所指。則皆至矣。故曰無指則不至有者。謂之物。若以有爲物。則天下之物豈可盡。不以物爲物。則可以盡天下之物。而皆爲吾有。故曰盡物者常有。○有影者不移。此惠子所謂飛鳥之影未嘗動也。改動也。一物有一影。纔動則後之影非前之影矣。由後影而求前之影。則未移之先是也。故曰影不移者。說在改也。改變也。謂其說在於變改之時也。○髮引千鈞。勢至等重也。以一髮而引千鈞。固不可。然積其髮之勢。至與千鈞等。則亦可以引千鈞矣。故曰勢至等也。此雖強辯。亦可通。白色也。以色而名曰白馬形也以形而名曰馬謂色爲白則可謂形爲馬則可若以形以白馬爲馬則白色也馬形也二物也安得而一之故曰白馬非馬形名離也孔叢子公孫龍同○孤犢雖母之所生母在則不謂之孤既謂之孤則未嘗有母矣謂之有母則非孤犢也莊子亦有焉同○條法也子輿怒其強辯不可得而復詰故曰汝以公孫龍之言皆合條法邪餘竅郤隙處也謂其言若或出於他竅汝亦承從之也更謁子論者如今人所謂向下文長更待來日也慍怒而不與言也

堯治天下五十年不知天下治歟不治歟不知億兆之願戴己歟不願戴己歟顧問左右左右不知問外朝外朝不知問在野在野不知堯乃微服游於康衢聞童兒謠曰立我蒸民莫匪爾極不

識不知順帝之則堯喜問曰誰教爾爲此言童兒曰我聞之大夫問大夫大夫曰古詩也堯還宮召舜因禪以天下舜不辭而受之此章形容聖人之化天下未嘗有化之之迹天下雖化而皆不自知立我者言使我生立於天地之間也極者道也帝則天理也當時之詩本以詠堯之德而大夫以爲古詩此亦是形容其不知所以然之意堯於天下相忘如此故擧舜而禪之舜亦受而不辭者言堯之禪舜之受皆出於無心也

關尹喜曰在己無居形物其著其動若水其靜若鏡其應若響故其道若物者也物自違道道不違物善若道者亦不用耳亦不用目亦不用力

亦不用心欲若道而用視聽形智以求之弗當
矣瞻之在前忽焉在後用之彌滿六虛廢之莫
知其所亦非有心者所能得遠亦非無心者所
能得近唯默而得之而性成之者得之知而忘
情能而不爲眞知眞能也發無知何能情發不
能何能爲聚塊也積塵也雖無爲而非理也在
已
無居無執着也隨物而見隨用而顯形於物而
道自著也其動若水無容心也其靜若鏡妍媸
在物不在我隨其來而應之響之應聲自然而
然也其道若物者順於物也物無非道不知道
者自違之道何嘗違於物哉不用耳不以聽得
之也不用目不以視得之也不用力不以力求

得之也不用心不以心思得之也若以視聽形智求追則不得其當矣形耳也力也智心思也瞻之在前忽焉在後言無方所也用之則見可以彌滿於太虛不用則無廢之莫知其所發而不用之時不知道在何處也有心求者去道遠道何遠於有心者無心求者去道近道何嘗近於無心者釋氏曰道不可以有心求亦不可以無心得即此意也嘿而得之自悟也性成之也生知也知以不知故曰知而忘情能以不能故曰能而不爲不知乃眞知也不能乃眞能也發向也今人亦有一發如是之語禪學曰事無一向是也情實也若一發只是無知則何能得其實若一發只是無能則何所能爲蓋謂知以不知非果無知無知而無不知也能以不能非果無能無能而無不能也爲以不爲非果無爲無爲而無不爲也若不如積壘然若不如聚塊然則雖無爲而非理也謂無爲之理不如此也以是觀之則莊列之學何嘗以槁木死灰爲主禪家曰

不許夜行投明須到絶後再蘇欺君不得乃是此意此一節乃莊列書中大條貫五祖演論真淨語錄說令秋秋地古廟香爐一念萬年爲障蔽況明其意正如此也此一段見大慧語錄普說中莊子天下篇論田駢愼到塊不失道爲死人之學亦是此意塊即聚塊之塊也

列子鬳齋口義卷上

列子鬳齋口義卷下

鬳齋林希逸

湯問第五

殷湯問於夏革曰古初有物乎夏革曰古初無物今惡得物後之人將謂今之無物可乎殷湯曰然則物無先後乎夏革曰物之終始初無極已始或爲終終或爲始惡知其紀然自物之外自事之先朕所不知也殷湯曰然則上下八方有極盡乎革曰不知也湯固問革曰無則無極

有則有盡朕何以知之然無極之外復無無極無盡之中復無無盡無極復無無極無盡復無無盡朕以是知其無極無盡也而不知其有極有盡也

物雖自無而有既有矣則必有所始安得謂之古初無物乎此語翻得又好極已猶極止也物之先後終始無所止極如春先而夏後春終而夏始先豈爲始後豈爲終紀極也惡知其紀吉無極也物之外事之先朕所不知者即四維上下不可思量莊子所謂六合之外存而不論也固問堅問之也不得已而後答曰謂之無則無極既有有之名則必有盡但不可得而知爾無極復無無極此下數語與莊子有始也者有未始有始也者有未始有夫未始有始也者一樣語脉也莊子逍遥遊篇曰湯之問棘此曰夏革棘革音近恐傳訛也然大抵皆

寓言爾名字異同不足深考湯又問曰四海之外奚有革曰猶齊州也湯曰汝奚以實之革曰朕東行至營人民猶是也問營之東復猶營也西行至豳人民猶是也問豳之西復猶豳也朕以是知四海四荒四極之不異是也四海之外猶有國土或無國土皆不可知譬如在於營者但見營之人民在於豳者但見豳之人民豈知營之東又有如營者豳之西又有如豳者以中國之所見且如此況四海四荒四極之外乎齊州中國也實之者欲其即近以明遠也海外曰大荒荒之外曰無極故曰四海四荒四極此亦務爲高遠廣大之言雖列之書皆如是故大小相含無窮極也含萬物者亦如含天

地含萬物也固不窮含天地也故無極朕亦焉
知天地之表不有大天地者乎亦吾所不知也
大小相含譬如尾在椽上椽在桁上桁在梁上梁在柱上柱又在地上小大相乘載物物皆然不可窮詰萬物既如此則天地在於太虛之閒太虛含天地者也太虛之外又必有含太虛者含萬物者既不可窮則含天地者亦安知其所極安知天地之外不有更大於天地者含容也此等議論皆是排斥小見自私之人不知世界之廣大故爲此等虛曠之論雖似荒唐亦自有味此章以下諸段皆然若要逐章求義理則不可也讀莊列之書別具一隻眼可也
然則天地亦物也物有不足故昔者女媧氏練五色
石以補其闕斷鼇之足以立四極其後共工氏

與顓頊爭爲帝怒而觸不周之山折天柱絕地維故天傾西北日月星辰就焉地不滿東南故百川水潦歸焉女媧之補天共工之折天柱絕地維此皆務爲駭世之言不可以爲實論天之傾西北此造化至妙處若無倚蓋之勢則星辰之運日月之行何以見其盈縮何以爲晝爲夜此須識天文者方知之知地有上下四游之說天如雞子則安得有柱有維乎

湯又問物有巨細乎有脩短乎有同異乎革曰渤海之東不知幾億萬里有大壑焉實惟無底之谷其下無底名曰歸墟八紘九野之水天漢之流莫不注之而無增無減焉其中有五山焉

一曰岱輿二曰貟嶠三曰方壺四曰瀛洲五曰
蓬萊其山高下周旋三萬里其頂平處九千里
山之中間相去七萬里以爲鄰居焉其上臺觀
皆金玉其上禽獸皆純縞珠玕之樹皆叢生華
實皆有滋味食之皆不老不死所居之人皆仙
聖之種一日一夕飛相徃來者不可數焉而五
山之根無所連著常隨潮波上下徃還不得蹔
峙焉仙聖毒之訴之扵帝帝恐流扵西極失羣
聖之居乃命禺彊使巨鼇十五舉首而戴之迭

焉。三番六萬歲一交焉。五山始峙而不動。而龍伯之國有大人。舉足不盈數步。而暨五山之所。一釣而連六鼇。合負而趣歸其國。灼其骨以數焉。於是岱輿員嶠二山流於北極。沈於大海。仙聖之播遷者巨億計。帝憑怒。侵減龍伯之國使阨。侵小龍伯之民使短。至伏羲神農時。其國人猶數千丈。

歸墟者即尾閭是也。八紘八方也。九野九州也。純縞純白也。珠玕珠玉也。峙停也。毒之苦之也。禺彊神名也。合負以六者同負而去也。趣往也。數若數其骨也。使阨使隘狹也。五山之仙聖十五鼇之三番龍伯之釣鼇。帝之怒龍伯皆寓言也。今佛經又有此如三十三天香積國西方淨土之類是也從中州以東四十萬里得僬僥國人長一尺五寸東北極有人名曰諍人長九寸龍伯之城小猶長數千丈僬僥之尺五諍人之九寸長者極長短者極短但言天地之間變化不常不可以耳目所見者爲定也荊之南有冥靈者以五百歲爲春五百歲爲秋上古有大椿者以八千歲爲春八千歲爲秋朽壤之上有菌芝者生於朝死於晦春夏之月有蠓蚋者因雨而生見陽而死終髮北之北有溟海者天池也有魚焉其廣數千里其長稱焉其名爲鯤有鳥焉其名爲

鵬。翼若垂天之雲。其體稱焉。豈知有此物哉

大禹行而見之。伯益知而名之。夷堅聞而志之

冥靈木名也。終髮即窮髮也。北之又北愈遠之地也。稱去聲。其長與其大相稱也。翼大如此。身亦稱之。則其大可知矣。世人所見者小。豈知天地間更有如此廣大之所乎。此皆寓言。却以禹益實之。世言山海經大荒經皆禹所作。亦猶今人言張騫窮天河也。其意但因禹治水行九州。伯益為山澤之虞。故借其名以實其說。夷堅亦猶莊子之齊諧也。

江浦之間生麽蟲。其名曰焦螟。羣飛而集於蚊睫。弗相觸也。栖宿去來。蚊弗覺也。離朱子羽方晝拭眥揚眉而望之。弗見其形。䚕丑豸文尔普彌三切俞師曠方夜擿

耳俛首而聽之。弗聞其聲。唯黃帝與容成子居空桐之上。同齋三月。心死形廢。徐以神視。塊然見之。若嵩山之阿。徐以氣聽。砰然聞之。若雷霆之聲（因諍人之論。又生麼蟲之說。小之而又小者也。魭俞亦古之能聽者。此即莊子聽之以耳。不若聽之以氣。聽之以氣。不若聽之以心之論）吳楚之國有大木焉。其名爲櫾。碧樹而冬生。實丹而味酸。食其皮汁。已憤厥之疾。齊州珍之。渡淮而北。而化爲枳焉。鸜鵒不踰濟。貉踰汶則死矣。地氣然也。雖然。形氣異也。性鈞已。無相易已。生皆全已。分皆足已。

吾何以識其巨細何以識其脩短何以識其同異哉欐橘柚也此數語考工記之說蓋言形氣之不定所以見造化也隨物而觀則其性皆均物各一性不得而相易物物各全其生物物各足其分巨者細者脩者短者皆造物之理孰爲異孰爲同此數語却自端正巳語終之辭太形王屋二山方七百里高萬仞本在冀州之南河陽之北北山愚公者年且九十面山而居懲山北之塞出入之迂也聚室而謀曰吾與汝畢力平險指通豫南達于漢陰可乎雜然相許其妻獻疑曰以君之力曾不能損魁父之丘如太形王屋何且焉置土

石雜曰投諸渤海之尾隱土之北遂率子孫荷
擔者三夫叩石墾壤箕畚運於渤海之尾鄰人
京城氏之孀妻有遺男始齔跳往助之寒暑易
節始一反焉河曲智叟笑而止之曰甚矣汝之
不慧以殘年餘力曾不能毀山之一毛其如土
石何北山愚公長息曰汝心之固固不可徹曾
不若孀妻弱子雖我之死有子存焉子又生孫
孫又生子子又生子子又生孫子子孫孫無窮
匱也而山不加增何苦而不平河曲智叟亡以

應操蛇之神聞之懼其不已也告之於帝帝感其誠命夸娥氏二子負二山一厝朔東一厝雍南自此冀之南漢之陰無隴斷焉太形即太行也聲相近也指通向南而通道也隱土北方地名也跳奮而往也易節一年也不慧不明也固蔽也此章其言似迂闊然以形容不已之意却甚有味釋氏言補陀大士初修行時窮苦而無所見將下山遇人於水邊磨一鐵尺問之曰磨此何用曰將以爲針大士笑之曰汝豈愚邪鐵尺可磨爲針乎其人曰今生磨不成後生亦磨不成大士大悟再歸補陀而後成道似此之言甚迂某嘗以爲有味有益於學者若人皆存此心何事不可爲何學不可成也東坡曰徐徐而爲之十年之後何事不立但恐此意不堅行之不力耳東坡此語似甚淺近若研究得來堯之兢兢舜之業

業湯之又曰新文王之純不已即此一念也操蛇神夸娥氏皆神名也無隴斷者言其地皆平雖小坡垤亦無之也夸父不量力欲追日影逐之於隅谷之際渴欲得飲赴飲河渭河渭不足將走北飲大澤未至道渴而死棄其杖尸膏肉所浸生鄧林鄧林彌廣數千里焉隅谷日入處也夸父之杖化爲鄧林鄧林之廣猶數千里夸父亦龍伯之類爾此必古來相傳有此怪異之説故淸虛之徒並取以入其書以爲大言之資耳大禹曰六合之間四海之内照之以日月經之以星辰紀之以四時要之以太歲神靈所生其物其形或夭或壽唯聖人能通其道夏

華曰。然則。亦有不待神靈而生。不待陰陽而形。

不待日月而明。不待殺戮而夭。不待將迎而壽。

不待五穀而食。不待繒纊而衣。不待舟車而行。

其道自然。非聖人之所通也。

夏華既與湯問答此又與禹問答兩夏華耶。一夏華耶。一夏華則當有千百歲之壽矣。神靈所生。即日月陰陽太歲是也。上章以神靈結語。下章以神靈起語。可見文勢。禹曰有形之物。或夭或壽。皆有道存焉。唯聖人則通知之。華又曰。亦有不待陰陽日月而生者。石外石子何假陰陽之氣。土蟻地龍何假日月之明。朝菌蟪蛄。豈殺戮而夭。松栢南山。豈導迎而壽。竊脂剖葦。豈待五穀而飽。牛馬之類。豈待繒絮而暖。飛禽之類。豈待舟車而行。此又自然而然。非常理可推。雖聖人亦不得而盡通知之。太歲主歲之神也。今日者亦用此。則自古有之矣。此意蓋言天下之事。有可以常理推者。又不可以常理推者。此所以爲造化之妙禹之治水土也。迷而失塗。謬之一國濵北海之北。不知距齊州幾千萬里。其國名曰終北。不知際畔之所齊限。無風雨霜露。不生鳥獸蟲魚草木之類。四方悉平。周以喬陟。當國之中有山。山名壺領。狀若甔甀。頂有口。狀若員環。名曰滋穴。有水湧出。名曰神瀵。臭過蘭椒。味過醪醴。一源分爲四埒。注於山下。經營一國。亡不悉徧。土氣和。亡札厲。人性婉而從物。不競不爭柔心而弱骨不驕不忌長幼儕居不君不臣男女雜游不媒不聘緣水而居不耕不稼土氣温適不織不衣百年而死不夭不病其民孳阜亡數有喜樂亡衰老哀苦其俗好聲相攜而迭謡終日不輟音饑倦則飲神瀵力志和平過則醉經旬乃醒沐浴神瀵膚色脂澤香氣經旬乃歇

終北窮北也齊止也限極也其際畔無止極也喬陟高山也壺領亦方壺員嶠之類甗甀一尾器滋穴之水名曰神瀵出於一源分於四畔埒猶際也經營一國言此水遶一國也婉而從物順也弱骨不力爭也孳阜孳生也阜盛也此章自經旬乃歇以上言禹之所見也

周穆

王北游過其國三年忘歸既反周室慕其國憮然自失不進酒肉不召嬪御者數月乃復（因穆王八驗之說又於此添作一證）管仲勉齊桓公因遊遼口俱之其國幾尅舉隰朋諫曰君舍齊國之廣人民之衆山川之觀殖物之阜禮義之盛章服之美妖靡盈庭忠良滿朝肆咤則徒卒百萬視撝則諸侯從命亦奚羨於彼而棄齊國之社稷從戎夷之國乎此仲父之耄奈何從之桓公乃止以隰朋之言告管仲仲曰此固非朋之所及也臣恐彼

國之不可升之也。齊國之富奚戀。隰朋之言奚顧。又因齊國遵海而南徜於琅琊之事。添此一段說話。幾尅舉者。言幾乎尅日而欲舉行也。肆咤者。肆意而叱咤也。視撝者。言隨目所視而指麾之也。彼國之不可升者。言但恐求至而不可得也。此等言意。亦不過謂天地之外。更有勝於人之耳目所見者而已。南國之人。祝髮而裸。北國之人。鞨巾而裘。中國之人。冠冕而裳。九土所資。或農或商。或田或漁。如冬裘夏葛。水舟陸車。默而得之。性而成之。此語吾書中亦有之。蓋中國之外。質性不同。衣食或異。隨其生而樂之。此無他。皆欲廣人之所見耳。越之東有輒沐之國。其長子生。則鮮而食之。謂之宜弟。其大父死負其大母而棄之曰鬼妻不可與同居處楚之南有炎人之國其親戚死[歹丂]與冎同其肉而棄之然後埋其骨迺成爲孝子秦之西有儀渠文康之國者其親戚死聚柴積而焚之燻則煙起謂之登遐然後成爲孝子此上以爲政下以爲俗而未足爲異也輒沐炎人儀渠皆國名也刳者割也此章之言墨子亦有之兩漢夷狄傳晉之載記亦間有一二事相類列子之意不過曰天地之內國土不同風俗各異豈必皆如中國而後爲美我之所好安知非彼之所惡哉

孔子東游見兩小兒辯鬭問其故一兒曰我以日始出時

去人近而日中時遠也一兒以日初出遠而日中時近也一兒曰日初出大如車蓋及日中則如盤盂此不爲遠者小而近者大乎一兒曰日初出滄滄涼涼及其日中如探湯此不爲近者熱而遠者涼乎孔子不能決也兩小兒笑曰孰爲汝多知乎兩小兒之論與晉太子長安與日近遠之說相類此章之意蓋言遠近是非不可以一理定也

均天下之至理也連於形物亦然均髮均縣輕重而髮絕髮不均也均也其絕也莫絕人以爲不然自有知其然者也此章提起一均

字言均天下之至理凡物之有形者亦然違猶凡也形物有形之物也亦然者理如是而物亦如是也懸與髮均則雖髮可以懸故曰均髮均懸若物與髮有輕有重則髮必斷絕其所以斷絕者不均也故曰輕重而髮絕不均也若輕重均平則雖欲絕而不絕故曰均也其絕也莫絕此一句自妙均也是一句其絕也莫絕是一句此即公孫龍髮引千鈞之論人皆以爲不然自有知其然者言世人則不知其然知道者則知其然也詹何以獨繭絲爲綸芒鍼爲鉤荊蓧爲竿剖粒爲餌引盈車之魚於百仞之淵汨流之中綸不絕鉤不伸竿不撓楚王聞而異之召問其故詹何曰臣聞先大夫之言蒲且子之弋也弱弓纖繳乘風振之連雙

偕行偕極之意而智不能知無容亡也皆峻阪而立面深隍而行至危者也又掩其耳塞其目危之甚也然知其命之在天而無所容亡則亦不危此等言句便與孟子知命者不立巖墻之下者不同聖賢之言所以異於異端也以多智而有所量度得失亦相半以無智之人而無所量度得失亦相半得亦中亡亦中者中半也言多筭亦筭不盡至愚者亦有時而得也若皆無所量度亦無不量度則其得其失皆無之是其天者全而無喪矣然全亦不可知也喪亦不可知也無所全喪亦不可知也故曰亦不知全亦非知喪上句本是全而無喪却結以自全自亡自喪鼓舞之文也其意盖曰全者自全喪者自喪無所全喪者自無所全喪也

齊景公游於牛山北臨其國城而流涕曰美哉國乎鬱鬱芊芊若何滴滴去此國而死乎使古無死者

寡人將去斯而之何史孔梁丘據皆從而泣曰臣賴君之賜疏食惡肉可得而食駑馬稜車可得而乘也且猶不欲死而況吾君乎晏子獨笑於旁公雪涕而顧晏子曰寡人今日之游悲孔與據皆從寡人而泣子之獨笑何也晏子對曰使賢者常守之則太公桓公將常守之矣使有勇者而常守之則莊公靈公將常守之矣數君者將守之吾君方將被蓑笠而立乎畎畝之中唯事之恤行假念死乎則吾君又安得此位而

相與訟求辨於扁鵲扁鵲辨其所由訟乃已此章形容心禀於氣人有不得而自由者其言亦有深味雖似迂闊而不迂闊若明道曰一百四病皆由它心須由我始得此語又高然列子之喻氣質之性之心也明道之言理性也必以理性化氣質之性而後心可自由瓠巴鼓琴而鳥舞魚躍鄭師文聞之棄家從師襄游柱指鈞絃三年不成章師襄曰子可以歸矣師文舍其琴嘆曰文非絃之不能鈞非章之不能成文所存者不在絃所志者不在聲内不得於心外不應於器故不敢發手而動絃且小假之以觀其後無幾何復見師

襄。師襄曰。子之琴何如。師文曰。得之矣。請嘗試之。於是當春而叩商絃。以召南呂。涼風忽至。草木成實。及秋而叩角絃。以激夾鍾。溫風徐回。草木發榮。當夏而叩羽絃。以召黃鍾。霜雪交下。川池暴沍。及冬而叩徵絃。以激蕤賓。陽光熾烈。堅冰立散。将終。命宮而總四絃。則景風翔。慶雲浮。甘露降。澧泉涌。師襄乃撫心高蹈曰。微矣子之彈也。雖師曠之清角。鄒衍之吹律。亡以加之。彼将挾琴執管而從子之後耳。不成章者。言未能成一曲也。柱指安指也。鈞絃調絃也。不在絃不在聲者。心未安也。得於心應於手則遺其器也。未能如此所以不敢動絃也。小假者小寬也。觀其後有此後如何也。當春爲秋聲而秋氣應當秋爲春聲而春氣應。當夏爲冬聲而冬氣應當冬爲夏聲而夏氣應。商弦屬秋角絃屬春羽絃屬冬徵絃屬夏宮爲中聲。故和氣應。琴有五絃。一絃主一聲。此曰叩其絃者。非謂其一而發其四蓋某曲以商爲主某曲以角爲主也。此意蓋言音聲之妙可以通造化而已。師文之見師襄其言似在一日之間。安得通四時而並叩並應乎。以此而觀可知其爲寓言也。微矣子之彈者。言子之彈琴微妙極矣。清角樂名也。挾琴執管而從子後者。言彼師曠鄒衍當從學於汝也。

薛譚學謳於秦青未窮青之技。自謂盡之。遂辭歸。秦青弗止。餞於郊衢。撫節悲歌。聲振林木。響遏行雲。薛譚乃謝求反，終身不敢言歸。秦青顧謂其友曰：昔韓娥東之齊，匱糧，過雍門，鬻歌假食。既去而餘音繞梁欐，三日不絶，左右以其人弗去。過逆旅，逆旅人辱之。韓娥因曼聲哀哭，一里老幼悲愁垂涕相對，三日不食。遽而追之。娥還，復爲曼聲長歌，一里老幼喜躍抃舞，弗能自禁，忘向之悲也。乃厚賂發之。故雍門之人至今善歌哭，效娥之遺聲。撫節按拍也。匱，乏也。鬻歌假食，賣歌以求食也。發之，謝而送之也。此語亦有見於孟子者。因師文鼓琴之説，又及謳者之事而併記之，皆言工技之能神妙也。如此此技能如此。則學道者。豈不有至神至妙之事乎。此又其言外之意也。伯牙善鼓琴。鍾子期善聽。伯牙鼓琴。志在登高山。鍾子期曰。善哉。峩峩兮若泰山。志在流水。鍾子期曰。善哉。洋洋兮若江河。伯牙所念。鍾子期必得之。伯牙游於泰山之陰。卒逢暴雨。止於巖下。心悲。乃援琴而鼓之。初為霖雨之操。更造崩山之音。曲每奏。鍾子期輒窮其趣。伯牙乃舍琴而歎曰。善哉善哉。子之聽夫。志想象猶吾心也。吾於何逃聲哉。霖雨崩山。皆琴曲名也。志所想象。言子期也。謂其心與己心同也。聲出於心。汝既心與己同。宜乎知其聲也於何逃者言不可隱也此以古來相傳之說取而入其書蓋言天下之事無精無粗皆有造於神妙者周穆王西巡狩越崐崘不至弇山反還未及中國道有獻工人名偃師穆王薦之問曰若有何能偃師曰臣唯命所試然臣已有所造願王先觀之穆王曰日以俱來吾與若俱觀之越日偃師謁見王王薦之曰若與偕來者何人對曰臣之所造能倡者穆王驚視之趣步俯仰信人也巧夫顉其頤則歌合律捧其手則舞應節千變萬化唯意所適王以爲實人也與盛

姬內御並觀之技將終倡者瞬其目而招王之
左右侍妾王大怒立欲誅偃師偃師大懾立剖
散倡者以示王皆傅會革木膠漆白黑丹青之
所爲王諦料之內則肝膽心肺脾腎腸胃外則
筋骨支節皮毛齒髮皆假物也而無不畢具者
合會復如初見王試廢其心則口不能言廢其
肝則目不能視廢其腎則足不能步穆王始悅
而歎曰人之巧乃可與造化者同功乎詔貳車
載之以歸夫班輸之雲梯墨翟之飛鳶自謂能

之極也弟子東門賈禽滑釐聞偃師之巧以告二子二子終身不敢語藝而時執規矩弇山又在崑崙之西薦之進之也漢書搢紳搢亦作薦曰以俱來明日與同來也趣步俯仰皆實如人然信實也巧夫歎其工能之巧也顉擧也擧其口而使之歌則皆合律捧其手而使之舞則應節始者以爲實似人既久則究如實人也盛姬君擊多之姬也招戲之也諦審也料點撿之也合會後如初既剖散而復合其歌舞又如初見也木人而能行能舞猶可也聲何從出此意蓋言人之一身亦是假合而成目應於肝足應於腎口應於心何嘗由我釋氏四大之說亦類此人之巧乃能奪造化況造化之巧乎貳車者副車也雲梯攻城之具也飛鳶亦木爲之也此與雲峯木毬相類自謂能之極者言般輸墨翟自謂極巧比之偃師又不足言技能矣所以終身不敢自稱

其藝時乎而執規矩者謂輸翟二子皆廢棄工技不敢復爲時乎不得已而後執之也東門賈禽滑釐丙人名也

甘蠅古之善射者彀弓而獸伏鳥下弟子名飛衛學射於甘蠅而巧過其師紀昌者又學射於飛衛飛衛曰爾先學不瞬而後可言射矣紀昌歸偃臥其妻之機下以目承牽挺二年之後雖錐末倒眥而不瞬也以告飛衛飛衛曰未也亞學視而後可視小如大視微如著而後告我昌以氂懸虱於牖南面而望之旬日之間浸大也三年之後如車輪焉以覩餘物皆丘

山也。乃以燕角之弧、朔蓬之簳射之，貫虱之心
而懸不絶。以告飛衛。飛衛高蹈拊膺曰：汝得之
矣。牽挺，機下之挺，隨足上下者也。錐末雖到，皆而不瞬。孟子所謂不目逃也。亞學，亞，次也。更也。使其更學視也。虱既如車輪，則他物皆如丘山矣。燕角之弧，以燕燕之角為弓。朔蓬之簳，以朔之蓬為幹也。此弓矢之精也。視虱如輪而後可射。此精藝者必然。如扁鵲學醫，隔墻而見人，尤異矣。此世間所有之事，不精於學者不可與議也。紀昌既盡衛之術，計
天下之敵己者一人而已，乃謀殺飛衛。相遇於
野，二人交射，中路矢鋒相觸，而墜於地，而塵不
揚。飛衛之矢先窮。紀昌遺一矢，既發，飛衛以棘

剌之端。扞之而無差焉。於是二子泣而投弓相
拜於塗。請爲父子。剋臂以誓。不得告術於人。交射
中路者。於塗中互相射也。彼此之矢。相觸而落
於地。塵亦不起。言其平落地也。以棘剌之端而
扞其來矢。亦相值而無差也。剋臂者。削其臂
以爲識而誓也。此說似迂。向游。誰識軒路分者。
其年已近七十矣。春秋大閱。第一籌年年得之。
渠嘗云。初收王辛時。相遇於六安山間。王辛執
弓欲射之。軒之手中。只有一條短木槍。呼辛而
謂之曰。我在此。許汝發三矢。若射我不中。汝即
降我。我同汝見趙制置。管取做官人。辛發三矢。
皆爲木鎗所擊而落地。辛遂拜之。王辛後爲光
州武定都統。及其至安豐。有王辛舊將。亦言此
事與軒語一同。軒忘其名矣。然則紀昌飛衛之
相射。豈得
謂誣乎
造父之師。曰泰豆氏。造父之始從習

御也。執禮甚卑。泰豆三年不告。造父執禮愈謹。乃告之曰。古詩言。良弓之子。必先爲箕。良冶之子。必先爲裘。汝先觀吾趣。趣如吾。然後六轡可持。六馬可御。造父曰。唯命所從。泰豆乃立木爲塗。僅可容足。計步而置。履之而行。趣走往還。無跌失也。造父學之。三日盡其巧。泰豆歎曰。子何其敏也。得之捷乎。凡所御者。亦如此也。曩汝之行。得之於足。應之於心。推於御也。齊輯乎轡銜之際。而急緩乎脣吻之和。正度乎胷臆之中。而執節乎掌握之間。內得於中心。而外合於馬志。是故能進退履繩。而旋曲中規矩。取道致遠。而氣力有餘。誠得其術也。得之於銜。應之於轡。得之於轡。應之於手。得之於手。應之於心。則不以目視。不以策驅。心閑體正。六轡不亂。而二十四蹄所投無差。迴旋進退。莫不中節。然後輿輪之外可使無餘轍。馬蹄之外。可使無餘地。未嘗覺山谷之嶮。原隰之夷。視之一也。吾術窮矣。汝其識之。泰豆亦古之善御者也。裘箕古語也。已見學記。學弓先學箕。皆竹器也。冶攻金也。與裘何頭此語素難通然考工記有裘氏不知所主何事此官既缺恐當時所職或有近於冶者今不可知矣先覩吾趣者使學其行步也得之捷者言其速成也轡銜吻在馬者也胷臆掌握在人者也覆縄而旋者其路雖如縄之小亦可以轉旋也曲中者妙於中也氣力有餘御者不勞也猶考工曰其往不敝之意也心閑身正者御之從容也二十四蹄六馬之車也所投無差馬行不亂也轍軌也車所行之道也車外無餘轍也者車行不越乎轍之中也蹄外無餘地者蹄不亂則其地不多也山谷雖險原隰雖平我視之皆一同也覆六而行其說似迂觀今人緣竿覆縄而躡覆者則知世間自有此事列子言此不過以爲人間之技且有此神妙況夲道乎

魏黒卵以暱嫌殺丘邴章丘邴章之子來丹謀報父之讎丹氣甚猛形甚露計粒而食順風而

趣。雖怒不能稱兵以報之恥。假力於人。誓手劍以屠黑卯。黑卯悍志絶衆。力抗百夫。筋骨皮肉。非人類也。延頸承刃。披胷受矢。鋋鍔摧屈。而體無痕撻。負其才能。視來丹猶雛鷇也。來丹之友申他曰。子怨黑卯至矣。黑卯之易子過矣。將奚謀焉。來丹垂涕曰。願子爲我謀。申他曰。吾聞衛孔周。其祖得殷帝之寶劍。一童子服之。却三軍之衆。奚不請焉。來丹遂適衛。見孔周。執僕御之禮。請先納妻子。後言所欲。孔周曰。吾有三劍。唯子所擇。皆不能殺人。且先言其狀。一曰含光。視之不可見。運之不知其有所觸也。泯然無際。經物而物不覺。二曰承影。將旦昧爽之交。日夕昏明之際。北面而察之。淡淡焉若有物存。莫識其狀。其所觸也。竊竊焉有聲。經物而物不疾也。三曰宵練。方晝則見影而不見光。方夜見光而不見形。其觸物也。騞然而過。隨過隨合。覺疾而不血刃焉。此三寶者。傳之十三世矣。而無施於事。匣而藏之。未嘗啓封。來丹曰。雖然。吾必請其下者孔周乃歸其妻子與齋七日晏陰之間跪而授其下劍來丹再拜受之以歸來丹遂執劍從黑卵時黑卵之醉偃牖下自頸至腰三斬之黑卵不覺來丹以黑卵之死趣而退遇黑卵之子於門擊之三下如投虛黑卵之子方笑曰汝何蚩而三招子來丹知劍之不能殺人也歎而歸黑卵既醒怒其妻曰醉而露我使我嗌疾而腰急其子曰疇昔來丹之來遇我於門三招我亦使我體疾而支彊彼其厭我哉[illegible]嫌私怨也氣甚猛盛威甚銳也

形甚露骨立也順風而趣其行弱也悍志絶衆
其志勇悍過人也痕撻痕跡也雛鷇初生之禽
也易子過矣甚輕汝也三劒之名方言獸勝之
術也泯然無際者泯没而不見邊際也將旦昧
爽之交日初出之時也旦夕昏明之際日將入
之時也旦夕猶言日暮也昏明欲昏昏而欲明也
晝則見影夜則見光只有光影而無形也騞合
作騞騞然微有声者請其下者求其第三劒也
因其醉而斬之疑其已死遂趨行而退回也擊
之如投虛劒已過如无物也蚩與癡同冊之三
擊彼以為三招如兒戲也嗌疾候急也支強肢
體殭急而不柔和也盖言獸勝之術自有神異
而况李道乎以此說而入其書
皆有意存焉非徒誇誕大言也 周穆王大征西
戎西戎獻錕鋙之劒火浣之布其劒長尺有咫
練鋼赤刃用之切玉如切泥焉火浣之布浣之

必投於火布則火色垢則布色出火而振之皓然疑乎雪皇子以爲無此物傳之者妄蕭叔曰皇子果於自信果於誣理哉

練鋼練熟之鋼金也赤刃金精其色赤也如切泥言柔軟也切玉之劍今雖未見火浣之布今人嘗見之世間自有此事果於自信者言皇子但信其耳目所及而不知天下有此神異之事遂以傳者爲妄是誣理也從前鋪說至此方結以兩句盖謂人各以其淺近之見而疑此廣大之言非知理者也

力命第六

力謂命曰若之功奚若我哉命曰汝奚功於物而欲比朕力曰壽夭窮達貴賤貧富我力之所

能也。命曰：彭祖之智，不出堯舜之上，而壽八百；顏淵之才，不出衆人之下，而壽十八。仲尼之德，不出諸侯之下，而困於陳蔡；殷紂之行，不出三仁之上，而居君位。季札無爵於吳，田恒專有齊國。夷齊餓於首陽，季氏冨於展禽。若是汝力之所能，奈何壽彼而夭此，窮聖而達逆，賤賢而貴愚，貧善而冨惡邪？力曰：若如是言，我固無功於物，而物若此邪，此則若之所制邪？命曰：既謂之命，奈何有制之者邪？朕直而推之，曲而任之。自壽自夭。自窮自達。自貴自賤。自富自貧。朕豈能識之哉。朕豈能識之哉力人力也命天命也此意蓋謂壽夭窮達富貴貧賤若出於人爲而無非天命而制之者亦非造物也直而推之曲而任之是曲直皆出於自然我但推而任之矣朕豈能識者言亦非命所能制又有自然而然者制之即莊子所謂吾所待又有待而然者也此章大意只如此而其文亦直截所以疑非列子之本書以下數章亦然

北宮子謂西門子曰。朕與子並世也。而人子達。並族也。而人子敬。並貌也。而人子愛。並言也。而人子庸。並行也。而人子誠。並仕也。而人子貴。並農也。而人子富。並商也。而人子利。朕衣則短褐。

食則粢糲。居則蓬室。出則徒行。予衣則衣錦。食
則粱肉。居則連欐。(山宜切) 出則結駟。在家憮然有
棄朕之心。在朝諤然有敖朕之色。請謁不相及。
遨遊不同行。固有年矣。予自以德過朕邪。西門
子曰。予無以知其實。汝造事而窮。予造事而達。
此厚薄之驗歟。而皆謂與予並。汝之顏厚矣。北
宮子無以應。自失而歸。中塗遇東郭先生。先生
曰。汝奚往而反。偊偊而步。有深愧之色邪。北宮
子言其狀。東郭先生曰。吾將舍汝之愧。與汝更

之西門氏而問之曰汝奚辱北宮子之深乎固
且言之西門子曰北宮子言世族年貌言行與
予並而賤貴貧富與予異予語之曰予無以知
其實汝造事而窮予造事而達此將厚薄之驗
歟而皆謂與予並汝之顏厚矣東郭先生曰汝
之言厚薄不過言才德之差吾之言厚薄異於
是矣夫北宮子厚於德薄於命汝厚於命薄於
德汝之達非智得也北宮子之窮非愚失也皆
天也非人也而汝以命厚自矜北宮子以德厚

自愧。皆不識夫固然之理矣。西門子曰。先生止矣。予不敢復言。北宮子既歸。衣其短褐。有狐貉之溫。進其茙菽。有稻粱之味。庇其蓬室。若廣廈之蔭。乘其篳輅。若文軒之飾。終身逌然。不知榮辱之在彼也。在我也。東郭先生聞之曰。北宮子之寐久矣。一言而能寤。易悟也哉人子達敬愛之類者。謂人但偏向彼也。連欐欐屋之連綿也。言其屋蓊鬱之長也。造事者言所作爲之事也。或窮或達。窮則爲厚。達則爲薄。厚薄能否也。偊偊而步行不進之貌。舍音釋。義同。舍彼之愧者。爲彼釋去此愧也。更之再往也。與之同再見西門氏也。達者不爲智。得窮者非爲愚。失豈可以其命而自矜。固然者。固有自然之理也。茙菽大菽也。厚於德薄於命。能多而不遇也。厚於命薄於德。遭時而非所能也。此德字與能字同意。非道德之德也　管夷吾鮑叔牙二人相友甚戚。同處於齊。管夷吾事公子糾。鮑叔牙事公子小白。齊公族多寵。嫡庶並行。國人懼亂。管仲與召忽奉公子糾奔魯。鮑叔奉公子小白奔莒。既而公孫無知作亂。齊無君。二公子爭入。管夷吾與小白戰於莒道。射中小白帶鉤。小白既立。脅魯殺子糾。召忽死之。管夷吾被囚。鮑叔牙謂桓公曰。管夷吾能可以治國。桓公曰。我讎也。

願殺之。鮑叔牙曰。吾聞賢君無私怨。且人能爲
其主。亦必能爲人。君如欲霸王。非夷吾其弗可。
君必舍之。遂召管仲。魯歸之齊。鮑叔牙郊迎。釋
其囚。桓公禮之。而位於高國之上。鮑叔牙以身
下之。任以國政。號曰仲父。桓公遂霸。管仲嘗歎
曰。吾以窮困時。嘗與鮑叔牙賈。分財多自與。鮑
叔不以我爲貪。知我貧也。吾嘗爲鮑叔謀事。而
大窮困。鮑叔不以我爲愚。知時有利不利也。吾
嘗三仕。三見逐於君。鮑叔不以我爲不肖。知我

不遭時也。吾嘗三戰三北。鮑叔不以我爲怯。知我有老母也。公子糾敗。召忽死之。吾幽囚受辱。鮑叔不以我爲無恥。知我不羞小節。而恥名不顯於天下也。生我者父母。知我者鮑叔也。此世稱管鮑善交者。小白善用能者。然實無善交實無用能也。實無善交。實無用能者。非更有善交更有善用能也。召忽非能死。不得不死。鮑叔非能舉賢。不得不舉。小白非能用讎。不得不用。甚戚若甚親也。國氏高氏。齊二貴族也。鮑叔知我貧知我時不利。知我有老母。此數語甚佳。善用能善交人事也不得不舉不得不用天命也及管夷吾有病小白問之曰仲父之病病矣可不諱云至於大病則寡人惡乎屬國而可夷吾曰公誰欲與小白曰鮑叔牙可曰不可其爲人絜廉善士也其於不己若者不比之人一聞人之過終身不忘使之理國上且鉤乎君下且逆乎民其得罪於君也將弗久矣小白曰然則孰可對曰勿已則隰朋可其爲人也上忘而下不叛愧其不若黃帝而哀不己若者以德分人謂之聖人以財分人謂之賢

人以賢臨人未有得人者也以賢下人者未有不得人者也其於國有不聞也其於家有不見也勿已則隰朋可病病矣言病至甚矣諱云者言不可諱人說也此是句絶不已若者不比之人言惡之不以人類比之也鉤乎君者鉤絆拘束之也逆乎民者以法理操制之也上忘者其事上以無心也下不叛者苟不背於理而已愧不若黄帝責己甚周也哀不己若待人甚恕也以德分人不自有其德也以賢臨人有心於服人也以賢下人卑己而尊人也於國有不聞於家有不見者不用其聰明也然則管夷吾非薄鮑叔也不得不薄非厚隰朋也不得不厚厚之於始或薄之於終薄之於終或厚之於始厚薄之去

來弃由我也管鮑之交如彼而垂沒之言似薄鮑叔而厚隰朋錯曰爲國擇相實亦有命焉非吏吾所自由也厚薄之語非實論也借此以形容力命之說耳鄧析操兩可之說設無窮之辭當子產執政作竹刑鄭國用之數難子產之治子產屈之子產執而戮之俄而誅之然則子產非能用竹刑不得不用鄧析非能屈子產不得不屈子產非能誅鄧析不得不誅也兩可者謂隨而爲是非也無窮之辭不可詰也數難子產之治言於子產爲治之時數有扞格也子產屈之言苦於此也子產既用鄧析之竹刑又以扞格爲苦遂歸咎於竹刑故執而戮辱之既戮辱之又誅之竹刑竹簡刑書也不得不用不得不誅者竹刑

鄧析所制子產始而用之而鄧析乃以此被誅好惡反覆而禍福生焉皆出於命之自然非人力也子產亦不自由爾可以生而生天福也可以死而死天福也可以生而不生天罰也可以死而不死天罰也可以生可以死得生得死有矣不可以生不可以死或死或生有矣然而生生死死非物非我皆命也智之所無奈何故曰窈然無際天道自會漠然無分天道自運天地不能犯聖智不能干鬼魅不能欺自然者默之成之平之寧之將之迎之可以生可以死言各如其所欲死生而無憾者人以此爲天福

之貪生而不得生苦於困辱求死而不得死人以爲天罰之此事於世固亦有之而不知生生死死物我皆不自由非智力之所能及莫非命也雖智亦無如之何得生得死即是可以生可以死特地重疊如此下字或生或死亦即不可以之意也杳杳無際者言杳冥無邊際也杳冥無無際而不可窮此天道歸會之地也沖漠而無所分別此天道運行之妙也誰得而知之天地不能犯者天爲剛德猶不干時盈虛消息天且不違是也聖智不能干者言聖智亦不能違時也鬼魅不能欺者雖鬼不得而知之亦不能以此欺人也默之者默而悟之也成之者渾成自然無容力也平之者平心以聽之也寧之者安之者也其去也將之其來也迎之莊子曰適來夫子時也適去夫子順也安時處順哀樂不能入也亦是此意

楊朱之友曰季梁季梁得疾七日大漸其子環而泣之請醫季

梁謂楊朱曰吾子不肖如此之甚汝奚不爲我歌以曉之楊朱歌曰天其弗識人胡能覺匪祐自天弗孽由人我乎汝乎其弗知乎醫乎巫乎其知之乎其子弗曉終謁三醫一曰矯氏二曰俞氏三曰盧氏診其所疾矯氏謂季梁曰汝寒溫不節虛實失度病由飢飽色慾精慮煩散非天非鬼雖漸可攻也季梁曰衆醫也亟屏之俞氏曰女始則胎氣不足乳湩有餘病非一朝一夕之故其所由來漸矣弗可已也季梁曰良醫

也且食之盧氏曰汝疾不由天亦不由人亦不
由鬼禀生受形既有制之者矣亦有知之者矣
藥石其如汝何季梁曰神醫也重貺遣之俄而
季梁之疾自瘳匪佑自天弗孽由人言福佑非出於天菑孽非由於人皆自然
耳精慮煩散思慮煩多而精神散失也乳湩有餘飲乳過多也嬌氏之言以爲其人事致病也
故以爲衆人而屏去之俞氏之言謂其禀受之病也禀受出於天非人事所致故以爲良醫而
與之食謂其言稍近於理也盧氏之言制之者不可知知之者亦不可知此雖天亦不知之故
以爲神醫而厚餽之以其所見高妙也俄而生自瘳此一句又謂自然而然醫藥亦無預也
非貴之所能存身非愛之所能厚生亦非賤之

所能夭身亦非輕之所能薄故貴之或不生賤之或不死愛之或不厚輕之或不薄此似反也非反也此自生自死自厚自薄或貴之而生或賤之而死或愛之而厚或輕之而薄此似順也非順也此亦自生自死自厚自薄貴賤厚薄無與於壽夭此語似若反常而非反常言其似若違理而實非違理也以壽夭爲出於貴賤厚薄此語似順理而實非順理知壽夭之出於自然出於不得不然則無反順之疑矣鬻熊語文王曰自長非所增自短非所損算之所亡若何自短自長即莊子鳬鶴之論算之所無若言非算計之所及與算計無預人將若之何哉人既不可

得而奈何。則安得不聽之自然

老聃語關尹曰。天之所惡。孰知其故。言迎天意。揣利害。不如其已。此章即莊子天之君子人之小人。人之君子天之小人之意。顏夭跖壽。何者爲好。何者爲惡。以人事而揣天意。而欲求其好惡利害之端。果何從得。不若已之爲愈。言不如聽其自然也

楊布問曰。有人於此。年兄弟也。言兄弟也。才兄弟也。貌兄弟也。而壽夭父子也。貴賤父子也。名譽父子也。愛憎父子也。吾惑之。楊子曰。古之人有言。吾嘗識之。將以告若。不知所以然而然。命也。今昏昏昧昧。紛紛若若。隨所爲。隨所不爲。日去日來。孰能知

其故皆命也夫信命者亡壽夭信理者亡是非信心者亡逆順信性者亡安危則謂之都亡所信都亡所不信眞矣慤矣奚去奚就奚哀奚樂奚爲奚不爲兄弟者言其年貌言才相若也父子者言其貴賤壽夭相去之遠也古之人有言吾嘗識之者言我曾記得古人有此言也其言若何不知所以然而然命也是也紛紛多也若若動而不止也漢書有綬若若是也欲爲而不得爲欲不爲而又爲之命之所制孰知其故知命則無壽夭矣知自然之理則無是非矣知嬰兒之心則無逆順矣知天命之性則無安危矣曰命曰理曰心曰性雖若可信而又不足信故曰都無所信都無所不信眞矣慤矣眞純誠慤一而不雜也若能如此則何所去何所就以何爲哀以何爲樂以何爲可爲以何

爲不可爲皆無容心可也 黄帝之書云。至人居若死。動若械。亦不知所以居。亦不知所以不居。亦不知所以動。亦不知所以不動。亦不以衆人之觀易其情貌。亦不謂衆人之不觀。不易其情貌。獨往獨來。獨出獨入。孰能礙之 居若死。即莊子尸居之意。形如槁木。心如死灰。是也。動若械。若猶影問罔兩。有所待而然也。如偃師之木人。其動也自有機械以使之。既不由我。則亦不知所以居不居。所以動不動。人之所見。我之情貌。何嘗變易。人所不見。我亦何嘗變易耳。目之外。皆已忘之。所以往來出入。獨得其妙。孰得而拘礙之。是乃忘己遺形。以與造物者游也

墨 音眉 杘 敕夷女屓一切 單 音戰 至 音咥 嘽 豈然坳 咺 許元火遠二切 懯

蒲結切懯芳無切四人相與游於世。胥如志也。窮年不相知情。自以智之深也胥如志者。四者之人。同游於世。各如其志也。而其情彼此雖窮年之久。皆不相知。此其用智之深也。此下五段。撰出此等名字。以形容人情世態。亦莊子所謂姚佚啓態之類。墨杘軟弱也。單至不安貌。嘽咺恐懼貌。憋懯急速貌巧佞愚直。婩魚踐午漢二切斫夬約切便辟。四人相與游於世。胥如志也。窮年而不相語術。自以巧之微也不相語術者。言其不以術相告也。自以爲用巧之微妙。婩斫不解悟貌繆何交切㤉午交魚駕二切情露。謇許偃居展二切極凌誶。四人相與游於世。胥如志也。窮年不相曉悟。自以爲才之得也此又四等矜才之人。傪忬獪猾也。情露今人言賣弄之意。謇極吃急之意。凌誶詰問也。莊子曰。哲士無凌誶之事不樂。不相曉悟。不相曉喻也。眠莫典切娗徒典切諈王桑切

諉。勇敢。怯疑。四人相與游於世。胥如志也。窮年不相謫發。自以行無戾也。此又四等異行之人。眠娗瑟縮不正之貌。諈諉煩絮之貌。怯疑拙退也。不相謫發者。不相決剔也。

多偶。自專。乘權。隻立。四人相與游於世。胥如志也。窮年不相顧眄。自以時之適也。多偶多可也。易與人合也。自專自用也。與人不合也。乘權得勢而有權者。隻立孤立而無所憚者。不相顧視。皆自以為得時也。

此衆態也。其貌不一。而咸之於道。命所歸也。衆態者。以上五項之人也。道自然也。

（咸之於道之往也言皆出於自然也其情貌態度雖不一皆不得自由也命所歸者皆歸諸命也此意蓋謂人情世態種種不同亦皆其命爲之）佹佹（俱爲切）成者俏（仙妙切）成也初非成也佹佹敗者俏敗者也初非敗也故迷生於俏俏之際昧然於俏而不昧然則不駭外禍不喜內福隨時動隨時止智不能知也信命者於彼我無二心於彼我而有二心者不若揜目塞耳背阪面隍亦不墜仆也故曰死生自命也貧窮自時也怨夭折者不知命者也怨貧窮者不知時者也當死不懼在窮不戚知

命安時也。其使多智之人。量利害。料虛實。度人情。得亦中。亡亦中。其少智之人。不量利害。不料虛實。不度人情。得亦中。亡亦中。量與不量。料與不料。度與不度。奚以異。唯亡所量。亡所不量。則全而亡喪。亦非知全。亦非知喪。自全也。自亡也。自喪也。

佹佹幾似之貌。俏似也。成者似成而非成。敗者似敗而非敗。人以其形似之際而迷之。言爲成敗所惑也。故曰迷生。成俏然其肖似之際。雖若昧然而不可知。而其理實甚明。初未嘗昧然也。苟於其俏似之際。而有不昧然之見。則禍不足駭。福不足喜。外禍者。人所惡遠之禍也。內福者。人所好欲之福也。禍福初無內外。人以好惡自分內外。因有駭有喜。時動時止。

偕行偕極之意而智不能知無容心也皆峻版而立而深隍而行至危者也又掩其耳塞其目危之甚也然知其命之在天而無所容心則亦不危此等言句便與孟子知命者不立巖墻之下者不同聖賢之言所以異於異端也以多智而有所量度得失亦相半以無智之人而無所量度得失亦相半得亦中亡亦中者中半也言多算亦算不盡至愚者亦有時而得也若皆無所量度亦無不量度則其得其失皆無之是其天者全而無喪矣然全亦不可知也喪亦不可知也無所全喪亦不可知也故曰亦不知全亦非知喪上句本是全而無喪却結以自全自亡自喪哉舞之文也其意蓋曰全者自全喪者自喪無所全喪者自無所全喪也齊景公游於牛山北臨其國城而流涕曰美哉國乎鬱鬱芊芊若何滴滴去此國而死乎使古無死者

寡人將去斯而之何。史孔梁丘據皆從而泣曰。臣賴君之賜。踈食惡肉可得而食。駑馬稜車可得而乘也。且猶不欲死。而況吾君乎。晏子獨笑於旁。公雪涕而顧晏子曰。寡人今日之游悲。孔與據皆從寡人而泣。子之獨笑何也。晏子對曰。使賢者常守之。則太公桓公將常守之矣。使有勇者而常守之。則莊公靈公將常守之矣。數君者將守之。吾君方將披簑笠而立乎畎畝之中。唯事之恤。行假念死乎。則吾君又安得此位而立焉。以其迭處之迭去之。至於君也。而獨爲之流涕。是不仁也。見不仁之君。見諂諛之臣。臣見此二者。臣之所爲獨竊笑也。景公慙焉。舉觴自罰。罰二臣者各二觴焉（滴滴衰落之貌。踦食者在下之食。棧車小車。其制木不圓淨也。雪涕拭其涕也。惟事之恤言以生事爲憂也。行假合作何暇字誤也。此章蓋言人之癡者。不知死生去來。而但貪戀目前之樂也）魏人有東門吴者。其子死而不憂。其相室曰。公之愛子。天下無有。今子死不憂。何也。東門吴曰。吾常無子。無子之時不憂。今子死。乃與嚮無子同。臣奚憂焉（相室者其家幹

者也此章乃得之本有失之本無之論巨與詎同

農赴時。商趣利。工追術。仕逐勢。勢使然也。然農有水旱。商有得失。工有成敗。仕有遇否。命使然也。追，治也，追琢之追也。農雖赴時而天有水旱。商雖趣利而時有得失。工雖精於術而時有成敗。仕雖迎合勢要而或遇或否。莫非命也。上言勢使然者。謂既爲農矣。爲商矣。爲工矣。爲仕矣。其勢有不得不然也。世故之所使。不容自已也

楊朱第七

楊朱游於魯。舍於孟氏。孟氏問曰。人而已矣。奚以名爲。曰。以名者爲富。既富矣。奚不已焉。曰。爲貴。既貴矣。奚不已焉。曰。爲死。既死矣。奚爲焉。曰

爲子孫名奚益於子孫曰名乃苦其身憔其心秉其名者澤及宗族利兼鄉黨況子孫乎人而已矣言均之爲人只爲生足矣何用名乎名乃苦其身憔其心者謂爲名者之勞苦也勞苦而得其名故秉此以遺宗族之澤澤遺鄉黨之利而況子孫乎此名所以有益也凡爲君者必廉廉斯貧爲名者必讓讓斯賤此處合有曰字讓此是一轉也凡爲名者必廉必讓既廉既讓則不富不貴矣何以益子孫乎曰管仲之相齊也君淫亦淫君奢亦奢志合言從道行國霸死之後管氏而已田氏之相齊也君盈則已降君歛則已施民皆歸之因有齊國子孫享之至

今不絕若實名貧僞名富此又一轉却論名之實僞管仲從其君而淫從其君而奢者不求自譽忠於謀君遂成伯業此實名也而其利反止於一身田氏所爲皆矯其君盈者驕也降者謙也歛暴也施仁也爲謙爲仁自求聲譽此僞名也而乃終有齊國是僞富而實者貧也曰實無名名無實名者僞而已矣昔者堯舜僞以天下讓許由善卷而不失天下享祚百年伯夷叔齊實以孤竹君讓而終亡其國餓死於首陽之山實僞之辯如此其省也此又一轉謂名皆僞也有實德者則不近名好名者則無實行凡爲名者皆僞也既以名爲僞乃借堯舜夷齊以立說此所以爲異端之書省者審也言實僞之辯如此審矣此一段先言名可自利却歸結

在一僞字上。實無名。名無實。六字亦佳。但曰。名者僞而已。此則矯世之論也。

楊朱曰。百年壽之大齊。得百年者千無一焉。設有一者。孩抱以逮昏老。幾居其半矣。夜眠之所弭。晝覺之所遺。又幾居其半矣。痛疾哀苦。亡失憂懼。又幾居其半矣。量十數年之中。逌然而自得。亡介焉之慮者。亦亡一時之中爾。則人之生也奚爲哉。奚樂哉。爲美厚爾。爲聲色爾。而美厚復不可常猒足。聲色不可常玩聞。乃復爲刑賞之所禁勸。名法之所進退。遑遑爾競一時之虛譽。規死後之餘榮。偊偊（王矩切）爾慎耳目之觀聽，惜身意之是非。徒失當年之至樂，不能自肆於一時，重囚纍梏，何以異（音異）哉。太古之人知生之暫來，知死之暫往，故從心而動，不違自然所好。當身之娛，非所去也，故不為名所勸。從性而游，不逆萬物所好。死後之名，非所取也，故不為刑所及。名譽先後，年命多少，非所量也。（齊音劑，分劑也。所弭，消弭也，猶消破也。遺，失也。介焉，至微者也。言人忻樂之時少，縱有樂時，豈能盡無微細不足之慮，謂不能全其樂也。百年之中，能全其樂，欲一時頃亦無之。美厚，美食厚衣也。遑遑，汲汲也。偊偊，張張也。汲汲以競虛譽。倀倀而避是非。與囚梏何以異、异與異同。從心而動動作也。不違自然之理而已。當目前之娛。可以好則好。不以慕名而去之。從性而游樂。不與萬物相爲忤。死後之名。固大之所好。亦不自甘於刑禍而取之。言其不殺身以求名也。然此等文字亦太露筋骨。似非所以垂訓之意。莊子則不然

楊朱曰萬物所異者生也所同者死也生則有賢愚貴賤所以異也死則有臭腐消滅是所同也雖然賢愚貴賤非所能也臭腐消滅亦非所能也故生非所生死非所死賢非所賢愚非所愚貴非所貴賤非所賤然而萬物齊生齊死齊賢齊愚齊貴齊賤十年亦死百年亦

死。仁聖亦死凶愚亦死生則堯舜死則腐骨生則桀紂死則腐骨一矣孰知其異且趣當生奚遑死後生雖異而死則同即杜子美所謂孔聖盜跖同塵埃趣向也且了生前何暇計身後故曰且趣當生奚遑死後張翰曰且盡生前一盃酒樂天曰莫思身外無窮事且盡樽前有限盃皆是此意

楊朱曰伯夷非亡欲矜清之郵以放餓死展季非亡情矜貞之郵以放寡宗清貞之誤善之在此郵字恐是鄙字傳寫之訛鄙與尤同甚也古字通用非無情欲者言其好惡與人同也矜持清貞太甚故夷以此自放而至於飢死季以此自放而至於無嗣寡宗寡特其宗姓也如此所以自誤也然則清貞之名能誤爲善之人如此故曰清貞之誤善之在

此

楊朱曰。原憲窶於魯。子貢殖於衛。原憲之窶損生。子貢之殖累身。然則窶亦不可。殖亦不可。其可焉在。曰。可在樂生。可在逸身。故善樂生者不窶。善逸身者不殖。殖累身。言以貨殖自累也。貧則不樂。富則自勞。皆非養生之道也

楊朱曰。古語有之。生相憐。死相捐。此語至矣。相憐之道。非唯情也。勤能使逸。饑能使飽。寒能使溫。窮能使達也。相捐之道。非不相哀也。不含珠玉。不服文錦。不陳犧牲。不設明器也。死相捐。古人死則棄之。易所謂不封不樹。喪期無數。是也。不含珠玉等語。所以譏當時厚葬之人。楊

王孫皇甫謐倮葬之說。似原於此

晏平仲問養生於管夷吾。管夷吾曰。肆之而已。勿壅勿閼。晏平仲曰。其目奈何。夷吾曰。恣耳之所欲聽。恣目之所欲視。恣鼻之所欲向。恣口之所欲言。恣體之所欲安。恣意之所欲行。夫耳之所欲聞者音聲。而不得聽。謂之閼聰。目之所欲見者美色。而不得視。謂之閼明。鼻之所欲向者椒蘭。而不得嗅。謂之閼顫。口之所欲道者是非。而不得言。謂之閼體。智之所安者美厚。而不得從。謂之閼適。意之所欲為者放逸而不得行謂之閼性凡此諸閼廢虐之主去廢虐之主熙熙然以俟死一日一月一年十年吾所謂養拘此廢虐之主錄而不舍戚戚然以至久生百年千年萬年非吾所謂養閼抑遏而自制之意於此主入自廢虐也徒自若而已一日一月一年十年言縱樂其身入一日比他人一月一年比他人十年若不然則雖有百年千年萬年之壽亦何益非吾所謂養者言非養生之道也管夷吾曰吾既告子養生矣送死奈何晏平仲曰送死略矣將何以告焉管夷吾曰吾固欲聞之平仲曰既死豈在我哉焚之亦可沈之亦

可瘞之亦可露之亦可衣薪而棄諸溝壑亦可
衮衣繡裳而納諸石椁亦可唯所遇焉管夷吾
顧謂鮑叔黃子曰生死之道吾二人進之矣略矣者言其不足安排聽之可也死欲速朽爲石椁者而言此亦矯世之論鮑叔黃子二人名也黃子恐亦寓言
子產相鄭專國之政三年善者服其化
惡者畏其禁鄭國以治諸侯憚之而有兄曰公
孫朝有弟曰公孫穆朝好酒穆好色朝之室也
聚酒千鍾積麴成封望門百步醴漿之氣逆於
人鼻方其荒於酒也不知世道之安危人理之

悔。室內之有亡。九族之親疎。存亡之哀樂也。雖水火兵刃交於前。弗知也。穆之後庭比房數十。皆擇雉齒婑（儒佳切）媠（吐火切）者以盈之。方其耽於色也。屏親昵。絕交遊。逃於後庭。以晝足夜。三月一出。意猶未愜。鄉有處子之娥姣者。必賄而招之。媒而挑之。弗獲而後已。子產日夜以為戚。密造鄧析而謀之。曰。僑聞治身以及家。治家以及國。此言自於近至於遠也。僑為國則治矣。而家則亂矣。其道逆邪。將奚方以救二子。子其詔之鄧析曰吾怪之久矣未敢先言子奚不時其治也喻以性命之重誘以禮義之尊乎子產用鄧析之言因問以謁其兄弟而告之曰人之所以貴於禽獸者智慮智慮之所將者禮義禮義成則名位至矣若觸情而動耽於嗜慾則性命危矣子納僑之言則朝自悔而夕食祿矣朝穆曰吾知之久矣擇之亦久矣豈待若言而後識之哉凡生之難遇而死之易及以難遇之生俟易及之死可孰念哉而欲尊禮義以夸人矯情

性以招名吾以此爲弗若死也爲欲盡一生之
歡窮當年之樂唯患腹溢而不得恣口之飲力
憊而不得肆情於色不遑憂名聲之醜性命之
危也且若以治國之能夸物欲以說辭亂我之
心縈祿喜我之意不亦鄙而可憐哉我又欲與
若别之夫善治外者物未必治而身交苦善治
内者物未必亂而性交逸以若之治外其法可
蹔行於一國未合於人心以我之治内可推之
於天下君臣之道息矣吾常欲以此術而喻之

若反以彼術而教我哉子產怔然無以應之他日以告鄧析鄧析曰子與真人居而不知也孰謂子智者乎鄭國之治偶耳非子之功也積麴成封累土便築糟丘臺是也婑婧美女也娥姣亦美女也弗獲而後已言百計營求至不得而後巳也孰念深念也與熟同腹溢而不得恣口之飲力疲憊而不得肆情於色郭璞酒色之資恐用不盡之論也鄧析以爲真人者言其達養生之理也善治內者物未必乱謂自樂其心者世亦未必至於乱謂治乱皆自然之数也此段與莊子盜跖篇相似其文亦如此長枝大葉郭璞之語似甚背理但以其銜刃被髮登廁之事觀之彼蓋知数者逆知其身必不能自保故爲此論然禍福在天脩爲在我盡人事以聽天命可也銜刃被髮之術巳非明理若所爲而況恣於酒

色乎以此思之孟子曰壽夭不貳脩身以俟之多少滋味多少理義多少受用不盡處孔子曰朝聞道夕死可矣其意亦在此并列之書本意憒世昏迷之人却如此押闔其論而又爲後人所雜讀其書而不得其意與不辨其眞爲者或以自誤此所以爲異端之學也

衛端木叔者子貢之世也藉其先貲家累萬金不治世故放意所好其生民之所欲爲人意之所欲玩者無不爲也無不玩也牆屋臺榭園囿池沼飲食車服聲樂嬪御擬齊楚之君焉至其情所欲好耳所欲聽目所欲視口所欲嘗雖殊方偏國非齊土之所產育者無不必致之猶藩牆之物

也。及其游也雖山川險阻。塗逕脩遠無不必之。猶人之行咫步也。賓客在庭者日百往。庖廚之下。不絕煙火。堂廡之上。不絕聲樂。奉養之餘。先散之宗族。宗族之餘。次散之邑里。邑里之餘。乃散之一國。行年六十。氣幹將衰。棄其家事。都散其庫藏珍寶。車服妾媵。一年之中。盡焉。不爲子孫留財。及其病也。無藥石之儲。及其死也。無瘞埋之資。一國之人。受其施者。相與賦而藏之。反其子孫之財焉。禽骨釐聞之曰。端木叔狂人也。

辱其祖矣。叚干生聞之曰。木叔達人也。德過其祖矣。其所行也。其所爲也。衆意所驚。而誠理所取。衛之君子多以禮教自持。固未足以得此人之心也。

子貢之世者。謂其後世子孫也。賦而藏之者。言斂其資而葬之。衆意所驚者。言衆人則以爲驚怪也。誠理所取者。謂以自然之理觀之。則其所行可取法也。此豈拘拘然以禮教自持者之所知。其意蓋借此以非笑吾儒者也。氣幹猶氣骨也。

孟孫陽問楊子曰。有人於此。貴生愛身。以蘄不死。可乎。曰。理無不死。以蘄久生。可乎。曰。理無久生。生非貴之所能存。身非愛之所能厚。且久生奚爲。五情好惡古猶今也四體安危古猶今也世事苦樂古猶今也變易治亂古猶今也既聞之矣既見之矣既更之矣百年猶猒其多況久生之苦也乎（好惡安危苦樂言人世之事不過如此也天下之生一治一乱相仍不已故曰變易治乱古猶今也言千年萬年只是此等事也更者更歷也我之生也不問十年百年所見所聞與所更歷不過如此更千年萬年亦然也杜牧曰浮世工夫食與眠亦是此意）孟孫陽曰若然速亡愈於久生則踐鋒刃入湯火得所志矣楊子曰不然既生則廢而任之究其所欲以俟於死將死則廢而任之究其所之以放於盡無

不廢無不任何遽遲速於其間乎此一轉却好人之生也固無足樂然不可以棄生而求死廢無心也發吾心思而聽其自然故曰廢而任之能盡此念雖廢與任且無之矣又何暇計其間遲速乎楊子曰伯成子高不以一毫利物舍國而隱耕大禹不以一身自利一體偏枯古之人損一毫利天下不與也悉天下奉一身不取也人人不損一毫人人不利天下天下治矣禽子問楊朱曰去子體之一毛以濟一世汝爲之乎楊子曰世固非一毛之所濟禽子曰假濟爲之乎楊子弗應禽子出語孟孫陽孟

孫陽曰子不達夫子之心吾請言之有侵若肌
膚獲萬金者若爲之乎曰爲之孟孫陽曰有斷
若一節得一國子爲之乎禽子默然有間孟孫
陽曰一毛微於肌膚肌膚微於一節省矣然則
積一毛以成肌膚積肌膚以成一節一毛固一
體萬分中之一物奈何輕之乎禽子曰吾不能
所以答子然則以子之言問老聃關尹則子言
當矣以吾言問大禹墨翟則吾言當矣孟孫陽
因顧與其徒説他事一體偏枯者言禹手足胼胝也以我一毫而利天下

吾亦不與之盡天下之物而以奉我吾亦不取
之此所謂爲我之學世固非一毛之所濟者言
損我一毛亦何益於世世於一毛亦何用假濟
者言設使一毛可以濟世汝肯爲之乎楊子弗
應者不以此意盡語之也一身一節之所積也
一節一毛之所積也纔動一毛便是我身中之
物豈可以其微而輕忽之此意蓋謂有一分務
外之心則非自養之道禽子曰汝爲此説我固
難答然老聃關尹則以汝言爲是大禹墨翟則
不以汝言爲是矣孟孫顔其徒而言他事蓋謂
大禹墨翟我師所不爲而汝如此比
並言之可乎孟孫陽者楊朱弟子也楊朱曰天
下之美歸之舜禹周孔天下之惡歸之桀紂然
而舜耕於河陽陶於雷澤四體不得蹔安口腹
不得美厚父母之所不安弟妹之所不親行年

三十不告而娶及受堯之禪年已長智已衰商
鈞不才禪位於禹慼慼然以至於死此天人窮
毒者也鯀治水土績用不就殛諸羽山禹纂業
事[illegible]惟荒土功子產不字過門不入身體偏枯
手足胼胝及受舜禪卑宮室美紱冕慼慼然至
於死此天人之憂苦者也武王既終成王幼弱
周公攝天子之政邵公不悅四國流言居東三
年誅兄放弟僅免其身慼慼然以至於死此天
人之危懼者也孔子明帝王之道應時君之聘

伐樹於宋削迹於衛窮於商周圍於陳蔡受屈於季氏見辱於陽虎戚戚然以至於死此天民之遑遽者也凡彼四聖者生無一日之歡死有萬世之名名者固非實之所取也雖稱之弗知雖賞之不知與株塊無以異矣桀藉累世之資居南面之尊智足以距羣下威足以震海内恣耳目之娯窮意慮之所爲熈熈然以至於死此天民之逸蕩者也紂亦藉累世之資居南面之尊威無不行志無不從肆情於傾宫縱欲於長

夜不以禮義自苦熙熙然以至於誅此天民之放縱者也彼二凶也生有從欲之歡死被愚暴之名實者固非名之所與也雖毀之不知雖稱之弗知此與株塊奚以異矣彼四聖雖美之所歸苦以至終同歸於死矣彼二凶雖惡之所歸樂以至終亦同歸於死矣天人者言天下之人也在此天下之人之中最爲窮獨最爲憂苦最爲危懼最爲遑遽者也遑遽逼迫而不得自閑之意天民亦與天人同株塊者言如朽木土塊也身殺之後譽亦不知毀亦不知賢之與否亦何別乎此段亦太露筋骨

楊朱見梁王言治天下如運諸掌梁王曰先

生有一妻一妾而不能治，三畝之園而不能芸，而言治天下如運諸掌，何也？對曰：君見其牧羊者乎？百羊而羣，使五尺童子荷箠而隨之，欲東而東，欲西而西。使堯牽一羊，舜荷箠而隨之，則不能前矣。且臣聞之：吞舟之魚，不游枝流；鴻鵠高飛，不集汙池。何則？其極遠也。黄鐘大呂，不可從煩奏之舞。何則？其音疏也。將治大者不治細，成大功者不成小，此之謂矣。〔堯舜之牧羊不如五尺童子，此數語極佳，謂能大者不能小者。枝流者，支派小流也。莊子秋水篇亦有此意。〕楊朱曰：太古之事滅矣孰誌之哉三皇之事若存若亡五帝之事若覺若夢三王之事或隱或顯億不識一當身之事或聞或見萬不識一目前之事或存或廢千不識一太古至于今日年數固不可勝紀伏羲已來三十餘萬歲賢愚好醜成敗是非無不消滅但遲速之閒爾矜一時之毀譽以焦苦其神形要死後數百年中餘名豈足潤枯骨何生之樂哉

滅矣者言泯滅而不傳也若存若亡若夢若覺或隱或顯大意蓋謂事之愈久則愈不可知雖有一時之名譽數百年之後無不消滅為善者亦徒自苦而已

楊朱曰人肖天地之類懷五常之性有生之最靈者人也人者爪牙不足以供守衛肌膚不足以自捍禦趨走不足以逃利害無毛羽以禦寒暑必將資物以爲養性任智而不恃力故智之所貴存我爲貴力之所賤侵物爲賤然身非我有也既生不得不全之物非我有也既有不得而去之身固生之主物亦養之主雖全生身不可有其身雖不去物不可有其物有其物有其身是橫私天下之身橫私天下之物其唯聖人

乎。公天下之身，公天下之物，其唯至人矣。此之謂至至者也。養性者，養生也。任智而不任力，智存於我，力角乎物也。存我者爲貴，侵物者爲賤。侵物者與之相糜也，相刃也。我身我生，不得不全其生。身外之物，非我所有，非我所有，則爲我之累也。不容不離去之，然身固我之所以生者，物亦資以養生者。身雖可愛，亦有時而不自由，我豈得而有之。物雖可去，而有不容去者，我亦不得而有去物之心也。莊子所謂物莫足爲而不可不爲者是也。若以物爲有，以身爲有，皆逆天理而自私者，故曰橫私。世之聖人，則如此。此語自堯舜以下，皆有譏侮之意，惟付吾身於無身，付外物於無物，無自私之心，此則至人也。至至者，言至此至矣極矣，不可加也。

楊朱曰：生民之不得休息，爲四事故：一爲壽，二爲名，三爲位，四爲貨。有

此四者畏鬼畏人畏威畏刑此謂之遁人也可
殺可活制命在外不逆命何羨壽不矜貴何羨
名不要勢何羨位不貪富何羨貨此謂順民也
天下無對制命在內故語有之曰人不婚宦情
欲失半人不衣食君臣道息周諺曰田父可坐
殺晨出夜入自以性之恒啜菽茹藿自以味之
極肌肉麤厚筋節腃（驅圓切）急一朝處以柔毛綈
幕薦以粱肉蘭橘心痟（縈玄切）體煩內熱生病矣
商魯之君與田父侔地則亦不盈一時而憊矣

人惟有所貪戀則有所忌畏威者幽明之禍福也刑者王法之刑戮也道人者道天而背理之人也如此之人則殺活皆制於他人故曰制命在外順民者無所矜無所羨無所貪戀於世獨高於天下故曰天下無對其命在我而不制於人故曰制命在內人生之有昏宦情慾之所由生君臣上下之道以衣食而相維也使無昏宦則情慾可減半矣使無衣食之累則君臣不得以相使矣此必自古以來所有之語田父可坐殺者言以田野鄙賤之人使其閒坐不待刀鎗而可殺之蓋彼以勞苦爲常一旦忽然安處則必至生病痟骨酸也使商魯之君與田野之人易地而處雖頃刻亦不可居矣子美曰無貴賤不悲無富貧亦足此章之意似近於此蓋言人生只是習慣若皆攻苦食淡不知有人世榮樂之事則人人無不足者念頭纔息則處處皆安此語却有味

故野人之所安野人之所美謂天下無

過者昔者宋國有田夫常衣緼黂僅以過冬暨春東作自曝於日不知天下之有廣厦隩室綿纊狐狢顧其妻曰負日之暄人莫知者以獻吾君將有重賞里之富室告之曰昔人有美戎菽甘枲莖芹萍子者對鄉豪稱之鄉豪取而嘗之蜇陟列切於口慘於腹衆哂而怨之其人大慙子此類也田野之人其所以自安其所以自美者謂舉天下無以過此蓋安其耳目之所見而不知其有他也緼黂破麻絮之類以負暄之樂而欲獻以求賞此形容其見小不見大之意戎菽大菽也甘枲好麻子也莖芹絲芹菜而爲美也萍子亦菜之類也蜇螫也蜇於口言毒

烈其口也楊子曰豐屋美服厚味姣色有此四者何求於外有此而求外者無猒之性無猒之性陰陽之蠹也四者既有人生可以自足而又别求功名者是無猒也陰陽之蠹言其無猒自蠹損其身陰陽之氣也忠不足以安君適足以危身義不足以利物適足以害生安上不由於忠而忠名滅焉利物不由於義而義名絶焉君臣兼安物我兼利古之道也此章亦譏忠義立名之人言忠者必危身義者必害生謂之務外不務内也安上之實出於自然豈一人之忠所能安之利物之道亦出於自然豈一人之義所能利之以一人之私而求忠義之名名反泯滅而徒累其身不若循其自然則君

臣俱安而物我俱
利此所謂古道也

鬻子曰去名者無憂老子曰名者實之賓而悠悠者趨名不已名固不可去名固不可賓邪今有名則尊榮亡名則卑辱尊榮則逸樂卑辱則憂苦憂苦犯性者也逸樂順性者也斯實之所係矣名胡可去名胡可賓但惡夫守名而累實守名而累實將恤危亡之不救豈徒逸樂憂苦之間哉

去名者無憂名者實
之賓此言雖出於鬻
子老子世固知之然世之悠悠者皆趨於名而
不可止豈二師之言所能戒哉賓外也然則名
不得而去矣不可得而外矣今世之人既以有
名為尊榮以此為快樂以無名為卑辱以此為

憂苦以憂苦爲犯其性以快樂爲順其性所以趨求之而不已也斯此也斯實之所係者謂以犯性順性爲切實利害之所係不容於不求矣然則二師之言雖欲去其名烏得而去之雖欲外其名烏得而外之此語既盡却斷之曰世情於名雖不可去不可捨矣然守之太甚將至於自累其養生之實如此則有危亡不救之憂豈暇分別苦樂乎恤憂也此意蓋謂世俗之人求名不已必至自亡其身是好快樂畏憂苦而其弊將至於自殺也

說符第八

莊子曰德充符此曰說符符字雖同而義不同符者合也謂至言天人自相符合故曰說符列子共八篇只首尾二篇立此名字中間六篇只掇其首二字名之恐其本書亦不然

子列子學於壺丘子林壺丘子林曰子知持後

則可言持身矣。列子曰：願聞持後。曰：顧若影，則知之。列子顧而觀影，形枉則影曲，形直則影正。然則枉直隨形而不在影，屈伸任物而不在我。此之謂持後而處先。關尹謂子列子曰：言美則響美，言惡則響惡；身長則影長，身短則影短。名也者，響也；身也者，影也。故曰：慎爾言，將有和之；慎爾行，將有隨之。是故聖人見出以知入，觀往以知來，此其所以先知之理也。度在身，稽在人。人愛我，我必愛之；人惡我，我必惡之。湯武愛天下故王桀紂惡天下故亡此所稽也稽度皆明而不道也譬之出不由門行不從徑也以是求利不亦難乎嘗觀之神農有炎之德稽之虞夏商周之書度諸法士賢人之言所以存亡廢興而非由此道者未之有也

持後者不爲物先之意能持後則可以持身蓋以謙下自處而後能自存也若影影者汝影也影隨形而曲直我隨物而屈伸影不先形我不先物能持此意則常處萬物之先矣此亦不爭善勝之義也言聲也響之應聲亦猶影之隨形不求名而名自至不貴身而身自先以影響而不以形聲則得其道矣聖人之道惟其如此故言以不言而人自和之行以不行而人自隨之此理之必然者如出則必入往則必來人不

知而聖人知之此聖人之先知也猶曰先得我心之所同然者也度尺度也以尺度而量物稽也度在身者言以身爲度而稽考於人也人之所愛於我者我亦必愛之人之所惡於我者我亦必惡之此言人心所同者愛惡也湯武以此而見愛於天下故能王天下桀紂不由此道以見惡於天下故亡其國已然之事可以稽考稽者稽之湯武桀紂而可見也可稽可度者甚明如此而人有不由其道者是不由門而出不由經而行欲有利而無害難矣神農炎帝虞夏商周已驗之事也自古法士賢人其言皆如此欲求發興存亡之故而不由此道未之有也此一段其文粹其論亦正但與此書前後之言此殊不相合豈前爲詭說而此爲莊語乎抑彼此錯雜非一家之書乎

嚴恢曰所爲問道者爲富今得珠亦富矣安用道子列子曰桀紂唯重利而輕道是

以亡幸哉余未汝語也人而無義唯食而已是雞狗也彊食靡角勝者爲制是禽獸也爲雞狗禽獸矣而欲人之尊己不可得也人不尊己則危辱及之矣強食爭而食也靡角者以角相觸也力之勝者制其弱者禽獸之事也若人而不知但求食而已則是爲禽獸之行必自取危辱此一段亦似非出於本書其義理却甚正也

列子學射中矣請於關尹子尹子曰子知子之所以中者乎對曰弗知也關尹子曰未可退而習之三年又以報關尹子尹子曰子知子之所以中乎列子曰知之矣關尹子曰可以守

而勿失也非獨射也爲國與身亦皆如之故聖
人不察存亡而察其所以然始者問之以中曰不知未得其所以中之道也再問之以中曰知之已得其所以中之道也關尹子以守勿失告使其守此道而勿忘也然中而知其中則非所謂不知之知矣守而勿失則非化道之論矣存亡者可見者也所以然者理也據此等議論皆非莊列之學却近於吾儒所以疑其非全書也
列子曰
色盛者驕力盛者奮未可以語道也故不班白
語道失而況行之乎故自奮則人莫之告人莫
之告則孤而無輔矣賢者任人故年老而不衰
智盡而不亂故治國之難在於知賢而不在自

賢色盛者驕矜見於顏面也力盛者恃勇力以取勝也不班白者涉世淺未老於世故也涉世淺豈知道之有是非得失欲語且未可而况欲行之乎自奮自用也有自用之心則誰肯以善道告之人不我告則我孤立而無所輔佐矣年老而不衰言我力雖竭而任人以代之我智雖盡而任人以謀之則處事而不亂人不貴於自賢而貴於知賢公羊曰能賢賢也使賢亦賢也與此意同此論甚正未知果出於列子否

宋人有爲其君以玉爲楮葉者三年而成鋒殺莖柯毫芒繁澤亂之楮葉中而不可別也此人遂以巧食宋國子列子聞之曰使天地之生物三年而成一葉則物之有葉者寡矣故聖人恃道化而不恃智巧鋒者葉之

有鋒稜也。殺裁剪減削處也。毫芒葉上之文理也。繁文理之多也。澤其色潤澤也。道化無爲也。智巧人力也。此一喻甚好子列子窮容貌有飢色客有言之鄭子陽者曰列禦寇蓋有道之士也居君之國而窮君無乃爲不好士乎鄭子陽即令官遺之粟子列子出見使者再拜而辭使者去子列子入其妻望之而拊心曰妾聞爲有道者之妻子皆使佚樂今有飢色君過而遺先生食先生不受豈不命也哉子列子笑謂之曰君非自知我也以人之言而遺我粟至其罪我也又且以人

之言。此吾所以不受也。其卒民果作難而殺子
陽以人言而知我則必以人言而罪我言其本不相知徒信他人之言安可保也衞鞅曰君不能以子之言而用我亦必不能以子之言而殺我亦此類也此似戰國間人之語亦是一件好說話君過而遺先生食謂君以先士爲過而餽粟也魯施氏有二子。其
一好學。其一好兵。好學者以術干齊侯。齊侯納
之以爲諸公子之傅。好兵者之楚。以法干楚王。
王悅之以爲軍正。祿富其家。爵榮其親。施氏之
鄰人孟氏同有二子。所業亦同。而窘於貧。羨施
氏之有。因從請進趣之方。二子以實告孟氏。孟

氏之一子之秦以術干秦王秦王曰當今諸侯
力爭所務兵食而已若用仁義治吾國是滅亡
之道遂宮而放之其一子之衛以法干衛侯衛
侯曰吾弱國也而攝乎大國之間大國吾事之
小國吾撫之是求安之道若賴兵權滅亡可待
矣若全而歸之適於他國爲吾之患不輕矣遂
刖之而還諸魯既反孟氏之父子叩胷而讓施
氏施氏曰凡得時者昌失時者亡子道與吾同
而功與吾異失時者也非行之謬也且天下理

無常是事無常非先日所用今或棄之今之所棄後或用之此用與不用無定是非也投隙抵時應事無方屬乎智智苟不足使若博如孔丘術如呂尚焉往而不窮哉孟氏父子舍然無慍容曰吾知之矣子勿重言學術雖同而所遭或異時有得失命也先日前日也投隙抵時視時之間隙而乘其機以應之初無定所此智巧之事也故曰應事無方屬乎智其意蓋謂汝雖知好學好兵之可以干說而不能隨時通變以取宮刖之刑是汝無智巧也此又與恃道化而不恃智巧之意稍相反矣重言者不必再拈起也晉文公出會欲伐衛公子鋤仰天而笑公問何笑曰臣笑

鄰之人有送其妻適私家者道見桑婦悅而與言然顧視其妻亦有招之者矣臣竊笑此也公寤其言乃止引師而還未至而有伐其北鄙者矣此章與史記滑稽傳有相似處其意蓋謂己所不欲勿施諸人我能以加諸人則人亦能以加諸我也

晉國苦盜有郄乞逆切雍者能視盜之貌察其眉睫之間而得其情晉侯使視盜千百無遺一焉晉侯喜告趙文子曰吾得一人而一國盜為盡矣奚用多為文子曰吾君恃伺察而得盜盜不盡矣且郄雍必不得其死焉俄而羣盜

謀曰吾所窮者郄雍也遂共盜而殘之晉侯聞而大駭立召文子而告之曰果如子言郄雍死矣然取盜何方文子曰周諺有言察見淵魚者不祥智料隱匿者有殃且君欲無盜莫若舉賢而任之使教明於上化行於下民有恥心則何盜之爲於是用隨會知政而羣盜奔秦焉此章蓋言擿奸發伏反以啓民之爭心孔子曰聽訟吾猶人也必也使無訟乎又曰苟子之不欲雖賞之不竊便是此意

孔子自衛反魯息駕乎河梁而觀焉有懸水三十仞圜流九十里魚鼈弗能游黿鼉弗

能居有一丈夫方將厲之孔子使人並涯止之曰此懸水三十仞圜流九十里魚鼈黿鼉弗能遊黿鼉弗能居也意者難可以濟乎丈夫不以錯意遂度而出孔子問之曰巧乎有道術乎所以能入而出者何也丈夫對曰始吾之入也先以忠信及吾之出也又從以忠信忠信錯吾軀於波流而吾不敢用私所以能入而復出者以此也孔子謂弟子曰二三子識之水且猶可以忠信誠身親之而況人乎方將厲之厲渡水也詩曰深則厲淺則揭意者難可

以濟言其難可渡也。不以措意者。不以波濤之險爲意也。忠信誠實也。以忠信而措吾身於波流之中。一毫私意無之。所以可出入於水間也。此忠信二字之義。不可以吾書之忠信求之。大抵只謂誠實而已。但此章前一半與黃帝篇呂梁一段全同。列子全書決不應爾。以此愈知其雜。況先以忠信又從以忠信。此兩以字下得與莊列之書全別。以則未化矣。存而未化。豈能涉此境界乎

白公問孔子曰。人可與微言乎。孔子不應。白公問曰。若以石投水何如。孔子曰。吳之善沒者能取之。曰。若以水投水何如。孔子曰。淄澠之合。易牙嘗而知之。白公曰。人固不可與微言乎。孔子曰。何爲不可。唯知言之謂者乎。夫知言之

謂者不以言言也爭魚者濡逐獸者趨非樂之也故至言去言至爲無爲夫淺知之所爭者末矣白公不得已遂死於浴室微言者隱語也白公欲爲亂而不敢顯言以求決於孔子孔子知其意故不荅之以石投水没者取之言易得也以水投水似若難矣而易牙亦知之其意蓋謂言無可隱之理未有言之隱而人不知者白公未悟又有不可微言之間何爲不可者謂微言豈有不可知者乎知其理者則知之知言之理不在於言而在於言之外故曰不以言言也爭魚者必入水豈不濡其身逐獸者必入山豈不趨走而傷氣逐物而害我則不足以爲樂此意已隱然譏其非理之謀矣至言者道也言不足以盡道去言則爲道至爲者道也有爲不足以盡道必無爲而後爲道若以褰淺之智而求與世爭此非知本者

也大意蓋謂爭心之不可萌也白公雖知此言不能自已所以終於作亂而殺其身不得已者不能自已也此一章與淮南道應篇全同若列子已出於景帝時淮南不應全用之以此知非列子之本書也必矣趙襄子使新穉穆子攻翟勝之取左人中人使遽人來謁之襄子方食而有憂色左右曰一朝而兩城下此人之所喜也今君有憂色何也襄子曰夫江河之大也不過三日飄風暴雨不終朝日中不須臾今趙氏之德行無所施於積一朝而兩城下亡其及我哉孔子聞之曰趙氏其昌乎夫憂者所以為昌也喜者所以

為亡也。勝非其難者也。持之其難者也。賢主以此持勝。故其福及後世。齊楚吳越皆嘗勝矣。然卒取亡焉。不達乎持勝也。唯有道之主為能持勝。

新穉穆子若趙襄子之家臣也。翟即狄也。左人中人二邑名也。遽遽人郵卒也。飄風暴雨不終朝。老子之語也。日中不須臾。日中必昃也。德行之積未有施及於人。故曰德行無所施於積。子產曰無文德而有武功。即此意也。亡其及我者。恐驕以致敗也。能憂者必安。自喜者必驕。故戰勝非難。而持勝者為難。此論甚正。

孔子之勁能拓國門之關而不肯以力聞。墨子為守攻。公輸般服。而不肯以兵知。故善持勝者。以強為弱。

拓舉也。不以力聞。是稱其德不稱其

力也。公輸般之爲攻器最精者也而不能攻墨子之守。至於自屈服而墨子不以知兵名以此二者爲藏勇於怯。持勝如負者之喻宋人有好行仁義者三世不懈。家無故黑牛生白犢以問孔子孔子曰此吉祥也。以薦上帝居一年其父無故而盲其牛又復生白犢其父又復令其子問孔子其子曰前問之而失明又何問乎父曰聖人之言先迕後合其事未究姑復問之其子又復問孔子孔子曰吉祥也。復教以祭其子歸致命其父曰行孔子之言也居一年其子又無故而盲其後楚攻宋。圍其城。民易子而食之。析骸而炊之。丁壯者皆乘城而戰。死者太半。此人以父子有疾皆免。及圍解而疾俱復。此章與塞翁得馬失馬意同。言吉未必不為凶。凶未必不為吉也。先迕後合者。言不驗於前。必驗於後也。未究者。未知其要終如何也。

宋有蘭子者。以技干宋元。宋元召而使見其技。以雙枝長倍其身。屬其脛。並趨並馳。弄七劍迭而躍之。五劍常在空中。元君大驚。立賜金帛。又有蘭子又能燕戲者。聞之。復以干元君。元君大怒曰。昔有異技干寡人者。技無庸。適值寡人有歡心。故賜金帛彼必聞此而進復望吾賞拘而擬戮之經月乃放雙枝屬於脛今人所爲接脚之戲是也雙枝者雙木也弄七劒而五劒在空中今人亦有此戲燕戲者燕飲之間雜弄之技也技無庸者言本無用於此偶喜而賞之拘繫而欲罪之也技同而所遭異時不可必也

秦穆公謂伯樂曰子之年長矣子姓有可使求馬者乎伯樂對曰良馬可形容筋骨相也天下之馬者若㓕若沒若亡若失若此者絕塵弭轍臣之子皆下才也可告以良馬不可告以天下之馬也臣有所與共擔纆薪菜者有九方臯此其於馬非臣之下也請

見之穆公見之使行求馬三月而反報曰已得
之矣在沙丘穆公曰何馬也對曰牝而黃使人
往取之牡而驪穆公不說召伯樂而謂之曰敗
矣子所使求馬者色物牝牡尚弗能知又何馬
之能知也伯樂喟然太息曰一至於此乎是乃
其所以千萬臣而無數者也若皋之所觀天機
也得其精而忘其麤在其內而忘其外見其所
見不見其所不見視其所視而遺其所不視若
皋之相者乃有貴乎馬者也馬至果天下之馬

也子姓者問其所生之子也姓生也天下之馬馬之絕出於天下者也㓕沒亡失者言恍惚而不定不可以形求也絕塵離塵埃而去也弭轍者無迹也擔纆者負索也千萬臣無數者言勝於臣者喻千萬數而不可窮也天機者得其天而遺其形也所見者天所見也內所不見者毛色牝牡之在外者也敗矣子所使求馬者句法與何哉汝所謂達者同楚莊王問詹何曰治國奈何詹何對曰臣明於治身而不明於治國也楚莊王曰寡人得奉宗廟社稷願學所以守之詹何對曰臣未嘗聞身治而國亂者也又未嘗聞身亂而國治者也故本在身不敢對以末楚王曰善此天下國家本在身之論撰得來甚佳孤丘

丈人謂叔孫敖曰人有三怨子知之乎叔孫敖
曰何謂也對曰爵高者人妬之官大者主惡之
祿厚者怨逮之叔孫敖曰吾爵益高吾志益下
吾官益大吾心益小吾祿益厚吾施益博以是
免於三怨可乎叔孫敖疾將死戒其子曰王亟
封我矣吾不受也爲我死王則封汝汝必無受
利地楚越之間有寢丘者此地不利而名甚惡
楚人鬼而越人禨可長有者唯此也叔孫敖死
果以美地封其子子辭而不受請寢丘與之至

今不失寢丘之邑其名近於弃地故曰甚惡不利者不利於地主也楚人信鬼神越人好禨祥占卜而多忌諱者必惡此地而不欲無後爭之者庶可以長有之此意盖謂凡人之所弃得人之所不爭則可以自安牛缺者上地之大儒也下之邯鄲遇盜於耦沙之中盡取其衣裝車牛步而去視之歡然亡憂悋之色盜追而問其故曰君子不以所養害其所養盜曰嘻賢矣夫既而相謂曰以彼之賢往見趙君使以我爲必困我不如殺之乃相與追而殺之燕人聞之聚族相戒曰遇盜莫如上地之牛缺也皆受教俄而其弟適

秦至關下果遇盜憶其兄之戒因與盜力爭旣
而不如又追而以卑辭請物盜怒曰吾活女弘
矣而追吾不已迹將者焉旣爲盜矣仁將焉在
遂殺之又傍害其黨四五人焉下之邯鄲者上地高而邯鄲地
卑也耦沙地名也使以我爲者使其得用於時必以我爲介帶也此章蓋謂人之遇禍不在賢
愚或免或不免皆有自然之數非人所能知也虞氏者梁之富人也家
充殷盛錢帛無量財貨無訾登高樓臨大路設
樂陳酒擊博樓上俠客相隨而行樓上博者射
明瓊張中反兩㩳託盍切魚而笑飛鳶適墜其腐

鼠而中之俠客相與言曰虞氏富樂之日久矣而常有輕易人之志吾不侵犯之而乃辱我以腐鼠此而不報無以立慬（渠容巨斬二切）於天下請與若等戮力一志率徒屬必滅其家爲等倫皆許諾至期日之夜聚衆積兵以攻虞氏大滅其家

明瓊今骰子之類也張中張其具以射中否爲勝負也鰜魚者骰采之名也於五白之中反其兩者以爲鰜魚之采剝殺之争梟盧是此類也樓上方笑而空中之飛鳶適墜腐鼠而中樓外同行之俠客本不相干俠客怒而仇其家此魯酒薄而邯鄲圍城門失火殃及池魚之意言禍福皆出於意料之外也立慬立勇名也等倫俠客之同輩也

東方有人焉曰

爰旌目將有適也。而餓於道。狐父之盜曰丘。見而下壺餐以餔之。爰旌目三餔而後能視。曰子何爲者也。曰我狐父之人丘也。爰旌目曰譆汝非盜邪。胡爲而餐我。吾義不食子之食也。兩手據地而歐之。不出。喀喀（乞格切嘔也）然遂伏而死。狐父之人則盜矣。而食非盜也。以人之盜因謂食爲盜。而不敢食。是失名實者也。（爰旌目。人名也。此章即是其嗟也可去。其謝也可食之意。於陵仲子哇其兄之鵝。孟子所譏亦此意也）

柱厲叔事莒敖公。自爲不知己。去居海上。夏日則食菱芰。

冬日則食橡栗莒敖公有難柱厲叔辭其友而往死之其友曰子自以爲不知己故去今往死之是知與不知無辨也柱厲叔曰不然自以爲不知故去今死是果不知我也吾將死之以醜後世之人主不知其臣者也凡知則死之不知則弗死此直道而行者也柱厲叔可謂懟以忘其身者也左傳狼瞫之事亦是此意懟其君不知己而至於殺其身此非直道也吾以醜後世之不知臣者此意亦佳楊朱曰利出者實及往怨者害來發於此而應於外者唯請是故賢者愼所

出我能出而利人則利之實亦有及我者我以非道而往加於人使其銜怨於我則人亦有來害我者此言施報之理也唯諾也人請於我而唯之則我請於人人亦唯我發於此施也應於外報也慎所出者其出於我者無以加於人也即出乎爾反乎爾之意楊子之鄰人亡羊既率其黨又請楊子之豎追之楊子曰嘻亡一羊何追者之衆鄰人曰多岐路既反問獲羊乎曰亡之矣曰奚亡之曰歧路之中又有岐焉吾不知所之所以反也楊子戚然變容不言者移時不笑者竟日門人怪之請曰羊賤畜又非夫子之有而損言笑者何哉楊子不答門

人不獲所命弟子孟孫陽出以告心都子心都
子他日與孟孫陽偕入而問曰昔有昆弟三人
游齊魯之間同師而學進仁義之道而歸其父
曰仁義之道若何伯曰仁義使我愛身而後名
仲曰仁義使我殺身以成名叔曰仁義使我身
名並全彼三術相反而同出於儒孰是孰非邪
楊子曰人有濱河而居者習於水勇於泅操舟
鬻渡利供百口裹糧就學者成徒而溺死者幾
半本學泅不學溺而利害如此若以爲孰是孰

非心都子默然而出孟孫陽讓之曰何吾子問之迂夫子答之僻吾惑愈甚心都子曰大道以多歧亡羊學者以多方喪生學非本不同非本不一而末異若是唯歸同反一爲亡得喪子長先生之門習先生之道而不達先生之況也哀哉心都子之問與子貢問夷齊語脉同岐路分也歧路之中又有歧路謂分而又分也以喻一學術之不一揚子戚然而不言笑者有感也儒一也而有三術即多歧也成徒衆也成徒猶曰成聚也因學泅而得溺喻學之末流多違其初失其本真心都子嘿然而出悟其言外之意大道亡路也大道本一至於多歧則亡羊至學本同至於多方則喪生此本同而末異也歸同反

一者向歸於至道而反於至一之理則無得無喪矣此情也未達先生之情何以習先生之道此章展轉譬喻以爲問答今禪家答語亦有此風楊朱之弟曰布衣素衣而出天雨解素衣衣緇衣而反其狗不知迎而吠之楊布怒將扑之楊朱曰子無扑矣子亦猶是也嚮者使汝狗白而往黑而來豈能無怪哉此章蓋謂人不知至一之理鮮有不爲外物所變者狗見素衣而變黑安得不吠人若見白狗而爲黑亦安能無怪見外不見內人人皆然也楊朱曰行善不以爲名而名從之名不與利期而利歸之利不與爭期而爭及之故君子必愼爲善此莊子爲善無近名之意名出

則利必隨之利至則必爭故爲害者必忘己去名而後可也昔人有言有知
不死之道者燕君使人受之不捷而言者死燕
君甚怒其使者將加誅焉幸臣諫曰人所憂者
莫急乎死己所重者莫過乎生彼自喪其生安
能令君不死也乃不誅有齊子亦欲學其道聞
言者之死乃撫膺而恨富子聞而笑之曰夫所
欲學不死其人已死而猶恨之是不知所以爲
學胡子曰富子之言非也凡人有術不能行者
有矣能行而無其術者亦有矣衛人有善數者

臨死以訣喻其子其子志其言而不能行也他人問之以其父所言告之問者用其言而行其術與其父無差焉若然死者奚爲不能言生術哉受之不捷者捷速也使人之行不速遂不及見其人也善數者善爲數學也此章之意蓋謂學不難而行之爲難知之不如行之不死之學其喻甚佳死者奚爲不能言生術者謂其人雖死而所言長生不死之術自是但人不能行之爾

邯鄲之民以正月之旦獻鳩於簡子簡子大悅厚賞之客問其故簡子曰正旦放生示有恩也客曰民知君之欲放之故競而捕之死者衆矣君如欲生之不若禁

民勿捕捕而放之恩過不相補矣簡子曰然此一喻甚近人情今世蹈此失者甚衆如孤山湖中之放魚鼈有一日而賣數次者齊田氏祖於庭食客千人中坐有獻魚鴈者田氏視之乃歎曰天之於民厚矣殖五穀生魚鳥以爲之用衆客和之如響鮑氏之子年十二預於次進曰不如君言天地萬物與我並生類也類無貴賤徒以小大智力而相制迭相食非相爲而生之人取可食者而食之豈天本爲人生之是蚊蚋噆膚虎狼食肉非天本爲蚊蚋生人虎狼生肉

者。故孟章[illegible]氏吞噬世界，[illegible]食小蟲之論，其說亦有理。人食雞，雞食蟲蛆之類是也。非相為而生之也。天非為人而生百物也。蚊蚋虎狼之喻，亦佳。食肉下非字，合作豈字。

齊有貧者，常乞於城市。城市患其亟也，衆莫之與。遂適田氏之廄，從馬醫作役而假食。郭中人戲之曰：從馬醫而食，不以辱乎？乞兒曰：天下之辱莫過於乞。乞猶不辱，豈辱馬醫哉？此意蓋謂人有數等，彼此皆辱，而人不自知。即莊子以隸相尊之意。此中亦有孟子所言墦間之意，但不露耳。

宋人有遊於道，得人遺契者，歸而藏之，密數其齒。告鄰人曰：吾富可待矣。齒者，契上所載名物之數也。得虛契而自喜，虛名無實之喻也坡詩所用甕筭亦此意人有枯梧樹者其鄰父言枯梧之樹不祥其鄰人遽而伐之鄰人父因請以爲薪其人乃不悅曰鄰人之父徒欲爲薪而教吾伐之也與我鄰若此其險豈可哉不祥之告初意本善也因求爲薪而反啓其疑近於私也此言世情之難必公私之難明也其喻亦甚美若此其險是句絶豈可哉三字一句人有亡鈇者意其鄰之子視其行步竊鈇也顔色竊鈇也言語竊鈇也作動態度無爲而不竊鈇也俄而抇音搰其谷而得其鈇他日復見其鄰人之子動作態度無似竊鈇者此章

[illegible]暗鬼也。心有所疑其人雖不竊鈇。而亂[illegible]以所知之視之則。其件件皆可疑。比喻甚得其情之微

白公勝慮亂。罷朝而立。倒杖策錣張刮切策端有鐵也上貫頤。血流至地。而弗知也。鄭人聞之曰。頤之忘。將何不忘哉。意之所屬著。其行足躓株埳。頭抵植木。而不自知也。心有所著。頤傷而不知。亦人情也。倒杖策者。以其杖倒轉而自策也。錣杖末之鋭也。株木也。埳陷也。意有所屬著。則於其行也。雖抵觸而不自知。即大學心不在焉。視不見聽不聞之意

昔齊人有欲金者。清旦衣冠而之市。適鬻金者之所。因攫其金而去。吏捕得之。問曰。人皆在焉。子攫人之金何。對曰。取

金之時。不見人。徒見金。志在攫金。而不見其人。是逐獸不見太山也。言心有所迷。故至此。此篇議論皆正。皆與儒書合。末後數件。設喻俱佳。文字亦異於他篇。大抵此書八篇之中。其爲本書者。亦自可辨。就中數段全似盜跖說劍文字。決非列子所作明矣。若此篇議論雖正。實非列子家數。通諸家之學者。必能辨之。

列子鬳齋口義下